稳定币

重塑全球金融新秩序

沈建光 刘勇 朱太辉 郭大治 著

中信出版集团 | 北京

图书在版编目（CIP）数据
稳定币 / 沈建光等著 . -- 北京 : 中信出版社，
2025. 9. -- ISBN 978-7-5217-7997-4（2025.12重印）
Ⅰ. F82
中国国家版本馆 CIP 数据核字第 20250JP408 号

稳定币
著者：　沈建光　刘　勇　朱太辉　郭大治
出版发行：中信出版集团股份有限公司
（北京市朝阳区东三环北路 27 号嘉铭中心　邮编　100020）
承印者：　北京通州皇家印刷厂

开本：787mm×1092mm　1/16　　印张：19.25　　字数：224 千字
版次：2025 年 9 月第 1 版　　印次：2025 年12月第 3 次印刷
书号：ISBN 978–7–5217–7997–4
定价：79.00 元

推荐序一

一部研究稳定币的必读之书

李　扬
中国社会科学院学部委员、国家金融与发展实验室理事长

一、一部有实践基础的专著

小友沈建光博士最近率领其团队就稳定币撰写了一部专著，约我作序。恰好我最近也在研究这个问题，于是欣然应允。

我之欣然应允，绝非因为我在这个领域有专深的研究和独到的见解，相反，恰恰是因为，对于稳定币等加密货币，虽然近年来也读过几本书和一些文章，但心中总是没有把握。在我看来，要真正理解并深入研究稳定币之类的加密货币，至少需要两个方面专业知识的结合：一个方面涉及技术层面，包括对区块链技术、分布式账本、新金融基础设施的精深理解；另一个方面涉及社会层面，包括对货币金融的发展历史及其本质的理解，以及货币金融广泛的社会影响。当然，将这两个方面置于一体，就产生了第三个方面的问题，那就是技术发展与社会需求之间的契合关系。对照以上三个维度，我自揣对货币金融的社会属性有所体悟，但是，对于作为稳定币技术基础的区块链等知识，我虽然一

直在加紧"恶补"，但总觉得最多只达到小学的水平，不敢妄加评论；至于稳定币可能带来的社会革命，更觉得深不可测，不敢置喙。我一直希望能读到一部既覆盖以上各领域，又具有历史感的专著。故此，当建光博士将其新作《稳定币》交给我时，我颇有一种"终于等到了"的感觉。

建光博士是我国中青年经济学者的翘楚。他先后在复旦大学、赫尔辛基大学和麻省理工学院等国内外名校接受良好的经济学和金融学训练。他从业以后，先后在欧洲央行、国际货币基金组织、芬兰银行、中金公司、瑞穗证券等国内外头部金融机构从事研究或担任研究主管。目前，他是京东集团副总裁、首席经济学家。这些经历，使得他的理论和实践水平均居上乘。特别重要的是，他目前任职的京东集团，是中国较成功，也是规模较大的以供应链为基础的、由科技驱动的大型综合性科技零售集团之一。置身于这种工作环境，他既得以切近地观察和分析供应链、互联网、区块链、大数据、稳定币等金融科技的产生和发展，也得以切近地对现代的经济、货币和金融问题展开深入研究。正因有这些强固的实践基础，自互联网金融兴盛以来，建光及其团队便发表了大量极有见地的"接地气"的研究成果，引起学界广泛关注。2025 年以来，在新一轮讨论"比特币"和"币"的热潮中，他们更是连续发表了一系列精彩论述。我始终关注并跟踪他们的研究动态，如今，这些研究成果被结集为一部专著，我当然不愿错失学习的机会。

当然，借助为建光的专著作序之机，我也有若干基于传统货币理论而生发的看法想一并写下，求教于学术界的同人。

二、一部稳定币“小百科全书”

这本书堪称一部稳定币“小百科全书”。它首先给出了一个定义：稳定币是加密资产、央行数字货币、第三方支付以及货币市场基金的综合体。它在技术上依托加密资产采用的区块链和分布式账本等，具有去中心化交易的属性；在形式上与央行数字货币一样，都在推动法定货币的代币化进程；在功能上主要履行与第三方支付类似的功能；在价值上则具备与货币市场基金类似的价值稳定特性。这些功能的聚集既赋予稳定币独特的市场定位，也打开了稳定币的应用场景。我认为，上述定义是迄今为止我所见到的最接近完善者，其自然也成为《稳定币》全书的总纲。

从章节的安排上，我们更可以清楚地看到这本书的全面性，它依次探讨了以下主题：稳定币的起源与业务模式；稳定币的职能和金融属性；从边缘创新迈向全球金融基础设施；应用场景向链上、链下双向延伸；产业链覆盖公链、资产和合规全链条；风险挑战在发展中逐渐清晰；在合规与创新之间寻求平衡；全球稳定币监管五大支柱；稳定币发展的未来图景；美元稳定币是美元的加法还是减法；人民币稳定币将是人民币国际化的新抓手。显然，如此这般探讨下来，我们可以构建关于稳定币的全面知识体系。

作为金融研究者，我比较关注稳定币和央行数字货币之间的异同。这当然是因为：在我们这里，有关部门明确禁止过对比特币的开发和交易，同时，我国的央行数字货币推广已有时日，但惜乎推进速度不快。反观大洋彼岸，那里明确将比特币列为政府资产，且通过了一项促进稳定币发展的法案，与此同时，那里的监管当局明确表示，不会发展央行数字货币。两个大国在发展加密货币方面走上截然不同的道路，个中缘由、利弊得失以及未来的发展方向，都给予研究者极大的吸引力。

对于这个问题，《稳定币》一书给予了清晰的分析和回答。

书中指出两者的共同点：稳定币是将法定货币代币化后转移到区块链上进行交易的，与央行数字货币类似；稳定币只是改变了货币的形态，提高法定货币的流通和交易效率，并没有创造新的货币。

但是，两者的区别也是显著的。稳定币和央行数字货币的主要区别在于发行主体不同，法偿效力存在差异。央行数字货币是各央行推出的法币代币化，是基础货币的数字化版本。而法币稳定币是市场机构推进的法币代币化，其商业逻辑并非建立在法偿强制或政府信用之上，而是依赖市场对发行人资金管理能力、兑付履约能力及合规经营机制的信任。因此，稳定币的接受范围是由市场主体自主决定的，如果发行人破产，持有人仍会面临无法赎回稳定币的风险。

央行数字货币与稳定币的第二个区别是底层技术不同，当前各央行测试的央行数字货币，主体技术架构仍是集中式的账户体系，只是在局部环节使用了私有链、联盟链和分布式账本技术，央行仍是中心的控制和结算人。而稳定币的底层技术包括区块链公链和智能合约技术，公链的去中心化特性使稳定币的交易可以在点对点之间直接进行，无须经过传统的金融机构或第三方清算机构。因此，稳定币在支付上具有明显的优势，跨境支付也可以实现“支付即结算”，最长结算时间不会超过 1 个小时，很多高性能区块链发送稳定币的平均成本不到 1 美元。

在分析了以上异同的基础上，书中似乎给出了这样的预测：随着时间的推移，稳定币和央行数字货币终会有相互融合的一天。然而，究竟如何融合，书中还是给人留下了探讨的空间。

三、需要加强对“货币”自身的研究

如果说《稳定币》在内容上需要有所补充的话，那么对“货币”自身的讨论肯定是首要的。

（一）需要一个关于货币的定义

客观地说，如今，恐怕任何人都无法提供一个让大家普遍接受的货币定义。参照金融学教科书的定义，货币是“固定充当一般等价物的特殊商品”。这一定义的精髓是“一般等价物”，就是说，货币是其他一切商品的定价标尺和交易中介；至于货币是“特殊商品”这一定位，则显然需要与时俱进，因为商品货币早已退出历史舞台。我以为，“一般等价物”凸显的是货币的计价和支付清算功能，这应当成为我们研究所有货币金融问题的方法论和基本路径。

历史上，凯恩斯对货币问题的研究有很大贡献，主要表现在三个方面。第一，凯恩斯系统地讨论了存款作为货币的存在形式问题。他指出，在现实情境中是贷款创造了存款，且大多数支付清算是通过存款在银行账户间“划转”实现的。由于存款是货币，且存款是商业银行的创造物，所以在我们国家推行央行数字货币的过程中，提出最多不同意见的当数商业银行，因为央行数字货币 ToC（面向最终消费者）的机制，冲击了商业银行通过贷款创造存款的机制，进而削弱了商业银行存在的根基。第二，凯恩斯提出了“内生货币”的概念。货币经济学领域有一个永恒的命题，就是“货币究竟有没有用”。对于这个问题，向来有货币“外生”和“内生”两派观点——如果确认货币是“外生的”，则货币“无用”，其供给的增减主要影响物价；如果确认货币是“内生的”，就认为货币是“有用”的，因为货币是通过“贷款—存款”的过程创造出来的，而贷款不仅对实体经济有极大的影响，也对经济增长、利率和物价产生全面影响。换言之，“内生货币”的理论构成当代央行宏观调控的理论基础，这个基础就出自凯恩斯的研究。第三，凯恩斯是黄金非货币化的拥趸，他主张货币应当“可管理”，其概念也应不断抽象化，具体可见他对货币的定义：“计算货币，即债务、价格；一般购买力所赖以表现的计算货币，是货币理论的基本概念。”

还有一位经济学家哈耶克，也对货币问题做过研究，且对如今加密货币频出的现象给出了有前瞻性和针对性的分析。这位“货币非国家化”理论的最早提出者认为：无论是谁，都能发行货币，关键在于是否有人接受。只要有人接受，发行的就是货币。这一定义凸显了货币作为信用的本质。在哈耶克看来，没有必要在货币与非货币之间做出非常清晰的区分，需要研究的是被市场接受程度不等的一系列物品，如同我们在货币供给的统计上按流动性高低排序一样，这一系列物品被市场接受的程度会从高水平向较低水平递减，一直减至那些不能充当货币的东西为止。大家不妨掩卷细思：从功能上说，不论是传统体制下的粮票和各类票证，还是现在我们随时随地看到的各种“积分”，在一定程度上和一定范围内都发挥了货币的功能。也就是说，我们都参与了“货币的创造过程”。

在前几年被热议的《现代货币理论》一书中，L. 兰德尔·雷也有一句十分简洁但值得关注的对货币的定义：“货币是一般的、具有代表性的记账单位。”这个定义之所以值得关注，是因为在这里，货币被抽去所有的物理形式，仅仅留下“记账单位”的抽象概念。正是这种抽象概念，为货币的数字化打开了大门。

以上对几种货币学说进行的简单回顾，是想说明一个道理：货币及其创造并不神秘。揭开其神秘的面纱，稳定币和“币圈”的诸多问题便可迎刃而解。当然，作为货币经济学的研究者，我在各种非中心化的“货币”，特别是在稳定币的发展中，看到了货币消亡的技术基础和现实路径。

窃以为，如果《稳定币》增加一部分对于货币自身的讨论，其理论体系可能更为完备。

（二）不存在“超主权货币”

有一种观点认为，稳定币是一种超主权货币，会对货币主权造成损害。我不认同这种看法，通读《稳定币》一书后，我感觉作者们也持有类似看法。

我们认为：货币作为社会经济现象，其本质是国家主权，这是货币的根本属性。只要世界还是由主权国家构成的，货币的主权属性便不会被消灭，就不会存在“超主权货币”。近年来，在货币方面固然有很多技术创新，但是都绕不开“主权”问题。大家都看重稳定币的跨境支付功能，的确，稳定币使跨境支付效率大大提高，但是在跨境支付背后还隐藏着不同货币之间的汇兑问题，大多数研究对此语焉不详。这也说明，论及跨境支付，货币之间的汇兑问题是无论如何也绕不过去的。举例来说，无论美国发行在技术上多么先进的“币”种，都不能直接用其购买中国的产品和服务，也都跨不过“汇兑”这个围栏；货币作为国家的主权载体之一，于此表现得非常清楚。从根本上说，一个国家的经济主权主要有两点：一是课税权，二是发钞权。这两项权力都是不能让渡的，失去任何一项，都会“国将不国”。

当然，问题还有复杂之处。我们反复指出：稳定币的主要功能就是支付清算，而支付清算又是货币的基本功能，从这个意义上说，稳定币对各国主权货币制度是有冲击的。前文说过，我国的业界和研究界过去不关注支付清算功能，所以很长时间以来，我们的货币当局只在乎并严格管理两类事务：一是资金池，因为有了资金池就是商业银行，就必须按照银行来监管；二是可分割、可连续交易的借据，具备这个特点的借据就被定义为证券，也必须进入监管范围。但是，很多人没有想到，支付宝和微信支付仅凭借支付清算功能，就大规模切入货币领域，并对传统的支付体系产生了极大的影响。可以说，我们后来的一系列清理整顿活动，乃至央行数字货币的推出，都是为了应对这种情形。在这个意义上，稳定币究竟会在多大程度上损害一国的货币主权，它是否构成走向超主权货币的必要环节，仍值得进一步研究。

（三）应当研究货币的分层结构

稳定币是非常复杂的新事物，因此，对于它的研究，我们或许可以开辟另一个视角，即货币的分层问题。

分层研究货币问题，是马克思主义政治经济学的传统。《资本论》的第二、三卷用大量的篇幅研究金属货币、商业票据和纸币的混合流通问题，讨论票据清算所同商业票据这种“真正的商业货币”的关系。这些研究为我们提供了一个分层研究货币的范式，自然地，它们也是我们研究稳定币不可或缺的内容。

货币从来都是分层的，比如，按M0（流通中现金）、M1（狭义货币供应量）、M2（广义货币供应量）等次序排列并定期公布的央行货币供给，便是一个以流动性差别为标准排列的分层货币统计体系。数字货币的出现使货币的“形式”日趋多样，也使货币的“分层”日益复杂。这就是金融学界将“金融”称为“上层建筑”的原因之一。

无论如何分层，居于最底层的都是那种“无交易对手方”的资产。这指的是其价值在体系外自行形成，构成一切交易的最终结算手段，不存在任何交易风险和违约风险的资产。比如曾经的黄金，现在的美元和人民币，它们的价值是自行决定的，其他货币都是它们的“借据”。在金本位制下，第一层是金和银，第二层是商业银行发的汇票、其他票据等，它们各自发挥着不同的作用。在央行体制下，中央银行是发行的银行、政府的银行、银行的银行，因而“排他”地垄断着底层货币的发行权。从本质上看，央行发行的货币是不需要交易对手方的；央行资产负债表固然给出了交易对手方，但那其实只是形式而已。比特币、稳定币加入后，货币分层的情况会更为复杂，现在大家比较多地倾向于将黄金、美元和比特币列为第一层货币，这里“比特币”的功能类比黄金，堪称“数字黄金”，比特币存款、其他数字货币等是居于“货币金字塔”上面几层的货币。稳定币只是在不断丰富的货币金字塔上增加了一层可以作为支付手段的事物而已。货币分层的理论十分重要，因为从这个角度考虑问题，我们就可以合理地解释各类金融创新活动；对于研究全球债务的膨胀问题，也可以增加一个新的分析角度。

推荐序二

稳定币：未来全球货币竞争的交汇点

朱嘉明

经济学家，横琴粤澳深度合作区数链数字金融研究院

学术与技术委员会主席

"创新是一个过程。"

——克莱顿·M. 克里斯坦森（Clayton Magleby Christensen，1952—2020），"颠覆式创新理论"的提出人

2025年以来，稳定币受到全球关注，监管与金融基础设施两端的同步"制度化"，推动其从加密市场工具迅速走向主流支付与结算载体，同时也与"代币化存款""批发型央行数字货币"等新型数字货币形态并行演进，呈现出监管落地、银行入场、合规透明、与传统金融深度互操作的综合趋势。

在这样的背景下，国内外涌现大量关于稳定币的文章和专著。其中，沈建光、刘勇、朱太辉、郭大治四人合著的《稳定币》是一本突出系统性、实证性、政策性、前瞻性、落地性的稳定币专著，从技术底层、发展脉络、监管政策、国际货币竞争与未来应用等层面，深入梳理了稳定币的演化逻辑与战略价值。

一、全书的特色和关键启发

首先，与其他有关稳定币的著作相比较，沈建光等人所著《稳定币》一书具备以下鲜明的特色。

一是全球视野。这本书采用了真正的国际视角，分析亚洲、欧洲、北美的监管政策和市场发展，有助于理解“本质上无国界”的现象。作者们将稳定币放进“美元—美债—全球支付—科技监管”的系统中审视，提出“新美元循环”（稳定币储备—美债需求—美元循环回补）的逻辑，解释为何美国选择立法规范而非一味遏制稳定币，并进一步讨论这对美元地位、金融稳定与国际竞争的深层影响。

二是及时性与相关性。这本书内容丰富，包含了 2025 年以来美国和中国香港通过的关键立法等最新进展。在稳定币这样一个快速发展的领域，“与时俱进”的特性使这本书成为一份宝贵的资源。

三是完整性与结构化。这本书最大的优点是其对稳定币这一主题的详尽覆盖，以及用一种逻辑清晰、易于理解的方式组织内容。在这本书中，全景式框架与可操作的分析颗粒度并重，从链上和链下技术栈、资产储备与审计、发行与兑付机制，到产业链全链条（公链层、资产层、合规层）以及各类风险（脱锚、技术、合规、传导、替代），均有清晰的“原理—机制—案例—数据”链条，避免了空洞的概念。从基础知识、政策到未来展望的渐进式结构，确保了不同知识水平的读者都能跟上叙述并建立起对该领域的扎实理解。

四是平衡的视角。这本书巧妙地平衡了稳定币带来的机遇与固有的风险和挑战。书中避免了技术乌托邦主义，对稳定币的潜力和必要的监管保障进行了务实的评估。作者们深钻“合规化转型”与“国际比较法”，对欧盟《MiCA 法案》、新加坡《PS 法案》、阿联酋《支付代币服务条例》、中国香港《稳定币条例》“持牌＋反洗钱旅行规则”，以及美国联邦和州双轨许可与储备美元化约束进行了细致的条文拆解，帮助读者理解规则如何重塑商业模式、资产配置与市场格局。

五是技术和金融解释。这本书没有回避技术细节，而是对不同类型的稳定币（法币抵押型稳定币、加密资产抵押型稳定币和算法型稳定币）及其底层公链基础设施，提供了清晰的解释。

六是链接前沿议题的能力。从链上金融到智能体经济，书中对 DeFi（去中心化金融）、RWA（现实世界资产）、Web3.0 支付的基础设施地位，Solana、以太坊、TRON 等公链在“存量—流量—活跃度”上的功能分工，以及 DeFAI 场景（如智能体自治交易、可编程金融等）均有敏锐洞察，呈现出技术—应用的前瞻视野。

其次，这本书展现了若干对读者的关键性启发。

一是稳定币是法币数字形态的社会化版本，并非单纯的加密资产。稳定币兼具传统货币的价值稳定性和区块链的技术优势，是连接传统金融与数字经济的重要桥梁。

二是稳定币真正颠覆了跨境结算与价值传输的传统模式，实现了革命性的效率提升。通过使用稳定币进行跨境结算，可以使传统银行系统的业务处理时长从 3 ~ 5 个工作日降至 1 小时内，成本率从 6.62% 降至接近于零。

三是合规是稳定币发展的分水岭。在稳定币合规要求中，储备资产管理的四个维度（资产构成、托管隔离、信息披露、赎回安排）直接决定了稳定币能否在市场恐慌中保持价格稳定，这也是决定机构资金是否进入的关键。

四是稳定币的发行需要货币、财政与科技政策的协调配合。美元稳定币与美债市场的深度耦合机制——每发行1美元稳定币，就对应1美元美债被锁定——形成了“用户—稳定币—美债”的新美元循环。

五是三大公共区块链在稳定币发展中各具特色。其中，以太坊凭借安全性和生态完善性成为价值存储的首选；TRON专注高频转账和普惠渗透，在支付场景中占据优势；Solana以高吞吐量服务于支付和零售流量。这种“链—场景”适配的理念，为产品设计提供了重要指导。

六是反洗钱与隐私保护不是零和博弈。在稳定币发展过程中，两者可以通过技术创新实现平衡。链上分析与选择性披露技术将成为“可验证合规隐私”的技术解决方案。

最后，这本书对中国发展稳定币的路径提出了具有现实意义的决策建议。书中认为在人民币国际化需要新抓手的背景下，人民币稳定币可以在本币资产和离岸市场之间找到一席之地，其条件已经成熟，“在香港开展离岸人民币稳定币的发行交易已经非常紧迫”。书中对人民币稳定币的发展强调了“先境外离岸，再境内离岸”的渐进路径，而在应用场景上则从跨境B2B入手，在兼顾货币政策、资本流动与反洗钱的约束和监管的前提下，可以将香港作为“沙盒+持牌+强KYC/AML”落地的真实试验区域。

二、全书的叙述逻辑与结构

《稳定币》的叙述逻辑是清晰的，其核心脉络分为四个部分，每一部分包含若干章。

第一部分“基础篇”：厘清稳定币的技术底座、发行模式与金融属性，明确稳定币是“法币代币化＋区块链传输层”的复合体，功能上既是加密市场的计价与结算通道，也是现实世界跨境支付的新型金融基础设施。章节安排上涉及“稳定币的起源与业务模式”“稳定币的职能和金融属性”。

第二部分“发展篇”：按时间线叙事，从USDT萌芽、USDC合规化竞争、DAI去中心化探索、算法型稳定币的屡败，讲到2023年后出现合规拐点的逻辑与驱动力，强调稳定币从边缘创新到金融基础设施的跃迁。章节安排上涉及“从边缘创新迈向全球金融基础设施”“应用场景向链上、链下双向延伸”“产业链覆盖公链、资产和合规全链条”“风险挑战在发展中逐渐清晰”。

第三部分“政策篇”：对欧盟《MiCA法案》、阿联酋双层监管架构、美国《天才法案》、中国香港《稳定币条例》进行制度拆解与比较，抓住“相同业务、相同风险、相同监管”的国际共识与各地的差异化博弈。章节安排上涉及“在合规与创新之间寻求平衡”“全球稳定币监管五大支柱”。

第四部分“展望篇”：将稳定币置于国际货币竞争与金融科技发展周期中，讨论美元稳定币、“新美元循环”、人民币稳定币的路径设计，以及DeFi、RWA、Web3.0、DeFAI等新生态的角色与机会。章节安排上涉及“稳定币发展的未来图景”“美元稳定币是美元的加法还是减法？”“人民币稳定币将是人民币国际化的新抓手”。

这一脉络有助于读者建立“技术—业务—制度—地缘”四层合一的视角，从而把握稳定币之于支付、金融市场、主权货币与全球治理的综合影响力。

三、全书提出的值得深入讨论的问题

更值得注意的是，这本书提出一系列值得深入讨论的问题。

一是如何探讨地缘与制度竞争的“二阶影响”。在稳定币加速“美元化或去美元化”的双向张力下，弱势货币经济体的货币主权与金融稳定脆弱性之间的伦理与政策权衡（涉及消费者保护、社会公平、金融排斥等），越发成为一个显著的问题。

二是如何从市场结构与竞争秩序的反垄断视角看待稳定币。少数美元稳定币寡头绑定大银行、卡组织与大型公链生态，跨境支付与 Web3.0 支付可能形成“新型平台锁定”。这对开放竞争与创新多样性的影响，有待开发新的系统性评估框架进行评估。

三是如何充分呈现数据主权与隐私权的冲突。在“链上可审计”与“合规强制可冻结”并存的制度中，如何以最小信息披露满足反洗钱与旅行规则，从而保护商业机密与个人隐私？制度与密码学工具的落地路线值得挖掘。

四是如何平衡政策、机构和个人的关系。稳定币的流通对用户体验，特别是发展中国家社会和经济的影响，有待更详细的探讨。在发展中国家，稳定币正作为财富保值和跨境支付的工具被大量采用。

五是如何批判性看待稳定币的发行与流通。例如，围绕 USDT

审计和价值支持存在的疑问，直指对稳定币发行方储备金真实性和流动性的批判性审视。

四、小结

《稳定币》一书以系统化框架、跨学科视野与强现实关怀，兼具学术思辨与实证数据，完整梳理了稳定币从起源、机理、产业、政策到前景的全链路，实现了“学术—政策—产业”三位一体。该书内容涵盖基础认知、发展脉络、应用版图、产业架构、风险洞察、国际监管比较、美元与人民币的战略博弈，以及未来技术—产品—市场的演进路线。特别是该书信息密度高、决策价值高，为理解稳定币如何从加密市场的交易媒介成长为新型国际金融基础设施，提供了极具价值的思考框架与洞察，既可作为研究参考，也可作为实务指南，同时兼具政策前瞻与落地建议。

作者沈建光、刘勇、朱太辉、郭大治四人，在稳定币研究上论述颇丰，积极发表专业意见。

这本书的核心思想是稳定币已经并将继续成为技术、政策与全球货币竞争的交汇点，正如书中所说，“稳定币、加密资产与传统金融体系融合发展的趋势已难以逆转，以稳定币的应用拓展为主要驱动，以去中心化金融和传统金融的深度融合以及功能组合为主要导向，以全球货币体系深度重构为主要目标的稳定币超级周期已经启动，最终必将对全球金融发展格局和经济发展模式产生深远影响”。

2025 年 8 月 16 日

目　录

第一部分　基础篇

第二部分　发展篇

第三部分　政策篇

第四部分　展望篇

第一部分

基础篇

第一章

稳定币的起源与业务模式

第一节　稳定币：加密资产的货币

“稳定币”早在 2014 年就推出了，经过近 10 年的曲折发展，到 2023 年下半年，规模开始持续上升，成为国内外热议的话题之一。要想对稳定币的起源、模式和发展有一个全面的认识，就需要从加密货币价格的大幅波动和投资交易的结算需求出发。以 BTC（比特币）为例，比特币交易需要一个媒介发挥价格尺度和流通手段的作用，如果采用法币作为交易媒介，在价格尺度上没问题，但比特币的核心是区块链账本，而法币属于银行系统，两者之间的交易不能直接进行结算，只能通过第三方机构发挥中介作用来完成，这种方式不仅交易效率低下，使数字资产的流动性受限，而且和中本聪设计比特币的基本诉求“去中心化”形成直接冲突。

一、加密货币的技术底座

中本聪在其2008年的文章《比特币，一种点对点的电子现金系统》（“比特币白皮书”）开篇中指出：“一个纯粹的点对点版本的电子现金系统，将允许在线支付直接从一方发送到另一方，而不用通过金融机构。数字签名虽然提供了部分解决方案，但若是仍然需要被信任的第三方来防止双重支出的话，那么电子支付的主要优势就被抵消了。”

由此可见，比特币的核心目标就是要建立一种“无须金融机构（中介机构）的支付系统”，但如果比特币的交易不得不依赖法币或者第三方中介机构的参与，那么显然是有悖于中本聪设计比特币的初衷的。

为什么比特币对于第三方机构的参与如此排斥呢？比特币又是如何做到“不用第三方机构”就能进行正常交易的呢？

答案就是“去中心化”。去中心化是一种分布式系统架构，其核心特征在于消除单点控制，通过节点自治与分布式协作来实现系统运行。通俗地说，去中心化就是一种“拒绝一人包办，强调协作完成”的组织形式。

我们仍以比特币为例，“比特币白皮书”发布于2008年，当时一个非常重要的背景就是美国爆发次贷危机，美联储采用量化宽松政策刺激经济，导致美国面临巨大的通胀压力，以中本聪为代表的一群技术极客希望通过一场社会实验为人类克服通货膨胀提供方案。克服通货膨胀最直接的办法就是控制货币发行总量，为此，中本聪为比特币设定了2 100万枚的固定总量。但是，一个更重要的问题来了：如何确保总量永远不变呢？

如果采用传统方法，那就是为中央银行，比如美联储，设立明确的货币发行规则，但普遍的经验告诉我们，依赖央行控制货币总量是不现实的，如果美联储能够胜任，也许次贷危机就不会发生。这就是“中本聪”们对于依赖第三方机构提供金融服务最深刻的担忧，他们希望通过技术手段提供一种全新的解决方案，而这个方案就是比特币。

“比特币方案”是这样的：在世界范围内组建一个开放性网络，只要下载并安装特定软件（挖矿软件），就可以成为比特币网络节点（最初使用普通电脑，以后需要配置特定类型芯片的专用设备——矿机），所有节点的电脑里安装的软件都将比特币总量设定为 2 100 万枚。假如有人想把总量翻一倍变成 4 200 万枚，他可以在自己的电脑里修改参数，但是不能修改别人电脑里的参数，更不可能把全世界数万个节点安装的挖矿软件都修改成他想要的参数，因为他既不知道全球比特币网络数万个节点的物理位置，也不知道这些节点被谁控制。除非全球所有“矿工”都同意把比特币总量修改为同一个值，否则比特币“总量 2 100 万枚”这个设定就会成为数万个节点的共识。这就是去中心化机制，也是去中心化的力量所在。

基于去中心化机制，比特币实现了总量固定，但其价格却波动异常，一枚比特币的价格从 2017 年 1 月 1 日的 964 美元，上涨到 2025 年 1 月 1 日的 102 412 美元，年上涨幅度最高为 952.80%（2018 年），最低为 –66.37%（2019 年）（见图 1–1）。异常波动的价格自然无法发挥交易媒介的作用，甚至自己的交易也需要一个“交易媒介”。于是，稳定币应运而生。

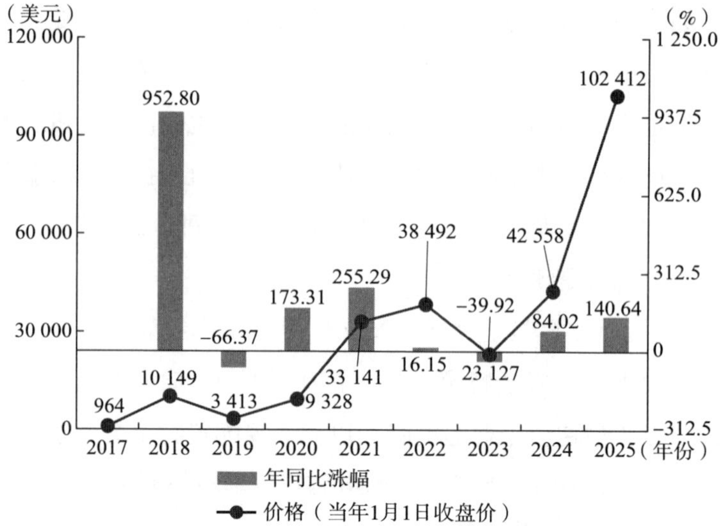

图 1-1　2017—2025 年比特币价格及年同比涨幅

资料来源：www.coinmarketcap.com。

二、准中心化的发行模式

从稳定币来看，既然去中心化是数字资产的底层诉求，法币显然不具备这个功能。那么，一种和数字资产同属一个技术平台［包括区块链在内的 DLT（分布式账本技术）］，同时又可以在数字资产交易中充当价格尺度和流通手段的产品就诞生了，这就是“稳定币”。

稳定币的“稳定”是相对的，它将现实世界的财富度量标准——法币作为价值标尺，使数字资产投资者对于数字资产价值的度量和现实世界保持同一维度。同时，它又采用和数字资产完全相同的底层技术，使其在数字资产相关的交易、结算等业务流程中提供最大的技术便利。

从技术属性上看，稳定币具有区块链底层赋予数字资产的所有属性，并可按照与所有数字资产完全一样的方式进行交易、转账等操作。但从功能属性上看，稳定币和其他数字资产不一样，比如比特币的功能是数字黄金，比特币总量固定但其价格会随着市场供求关系的变动而剧烈波动，而稳定币的功能是价格信号和流通手段，稳定币的数量不仅不是固定值，而且其数量的变化还可以反映市场的供需情况。从这个角度来看，稳定币并不具有大家想象中的涨跌数倍的可能性，也不具备投资获利的可能性，稳定币的价值在于其工具属性。

综上可以看出，稳定币和其他数字资产最大的不同体现在发行机制上，其他数字资产往往基于确定的程序（如固定总量或明确的增发规则）发行，稳定币则基于抵押资产[①]的价值发行，抵押资产的价值构成了稳定币的价值。

这就引出另外一个非常重要的话题，那就是稳定币虽然基于去中心化的区块链账本而存在，但稳定币需要借助链上和链下各种手段确保抵押资产的真实、透明和安全。假如抵押资产是数字资产，那么可以通过智能合约将抵押资产锁定，并通过区块链账本对外充分展示相关信息；如果抵押资产是现实世界的法币（比如美元），或者其他实物商品（比如黄金），那么链下抵押资产的保管就不可避免地需要一个中心化机构来负责。根据美国的相关法律，美元抵押型稳定币需要把抵押的美元资产以现金或者美国国债的形式保管在银行。从市场实践来看，法币抵押型稳定币是

① 这里主要以法币抵押型稳定币为例进行探讨。其他类型的稳定币，如算法型稳定币，并不在探讨范围之内。

目前美国或中国香港等地的监管部门唯一认可的合规的稳定币类型，也是在稳定币市场占据 95% 以上份额的主要形式。所以说，在针对稳定币的监管，特别是针对法币抵押型稳定币的监管层面，确保抵押资产和链上稳定币资产等值，是确保稳定币持续运营的核心命题。

所以，从本质上看，稳定币就是发行人给用户提供的抵押证明或者欠条，发行人的核心职责是要确保市场流通的所有稳定币能够随时且足额兑成法币。为了证明其具备随时兑回法币的能力，发行人需要定期发布经过独立审计机构审计的资产证明，以表明市场流通的稳定币市值和抵押资产价值相等。

需要指出的是，从法币抵押型稳定币的现实情况来看，稳定币的去中心化特性也是相对的，去中心化的区块链账本为稳定币在链上转账、交易提供了支撑，但在链下，抵押资产的管理仍然离不开中心化机构。所以说，稳定币是采用一种中心化的方式，在去中心化的链上世界发挥交易媒介作用的特殊的数字资产。

此外，稳定币的核心机制是其价格形成机制。根据其价格形成机制的不同，稳定币可以分为抵押型稳定币和算法型稳定币。其中，根据抵押资产类型的不同，抵押型稳定币又可以分为法币抵押型稳定币［如 USDT（Tether 公司发行的一种挂钩美元的稳定币）和 USDC（Circle 公司发行的一种挂钩美元的稳定币）］、商品抵押型稳定币（如抵押黄金生成的 PAXG）和加密资产抵押型稳定币［如抵押 ETH（以太坊代币）生成的 DAI］。算法型稳定币无须抵押资产，而是通过算法调节代币供需，以达到代币价格锚定某种法币的效果。现实中，挂钩美元的稳定币占据市场绝对的主导地位，截至 2025 年 6 月底，USDT 和 USDC 合计市值接近 2 200 亿美元，占全球稳定币市场总规模的 90% 左右。

三、加密资产的结算通道

稳定币在加密货币交易中扮演着核心基础设施的角色，其市场规模和交易活跃度的持续增长，不仅重塑了全球数字资产流动模式，更成为支撑加密资产经济高效运转的底层支柱。

根据 CoinGecko 的数据，从 2020 年到 2025 年第二季度末，稳定币的市值从 60 亿美元跨越式增长至 2 600 多亿美元，覆盖 USDT、USDC、DAI 等主要币种。这一体量使其稳居加密资产类别前三强——仅次于 BTC（约 1.2 万亿美元市值）和 ETH（约 4 000 亿美元市值），甚至超越了曾经市值排名前列的 BNB（币安币）、XRP（瑞波币）等老牌加密货币。更值得关注的是，稳定币的市值在加密资产市场中的份额在 7.5% 左右，但在 2021 年牛市以及 2023 年 DeFi 复兴期，其流通规模一度接近加密资产总市值的 20%，成为市场资金流向的核心风向标之一。这种爆发式增长的背后，是稳定币在功能上的不可替代性。一方面，其“价格锚定”的特性为投资者提供了“避险港湾”——当比特币单日跌幅超过 10% 时，资金往往快速流入 USDT 等稳定币以规避风险；另一方面，“7 × 24 小时无国界流通”的优势打破了传统金融体系的时空限制，使全球投资者能够通过稳定币快速进出加密资产市场。例如，在 2022 年 LUNA（Terra 公链代币）崩盘（后文将详细介绍崩盘的过程）引发的市场恐慌中，仅在 72 小时内就有超过 800 亿美元的资金从高风险资产转向 USDT，凸显其作为“数字美元替代品”的核心价值。

此外，稳定币的广泛应用还推动了金融基础设施的升级。Binance（币安）和 Coinbase 等加密资产交易所将其作为默认交易对基准，如 BTC/USDT 和 ETH/USDC，使得 90% 以上的加密资产现货交易通过稳定币计价完成；DeFi 协议，如 Aave（一种链上抵押借贷协议，其代币是 AAVE）和 Compound（一种链上抵押借贷协议），将稳定币作为主要抵押品，支撑起近 300 亿美元的链上借贷规模；在跨境支付领域，稳定币的实时结算特性更是将 SWIFT 系统的效率提升了数十倍。可以说，稳定币已从早期的“交易媒介”演变为贯穿加密资产经济全链条的基础设施，其市场地位的提升既是行业规模扩张的结果，也是行业朝着更高效、更合规的方向发展的核心动力。

第二节　业务模式：区块链带动的支付变革

稳定币发挥加密资产结算通道的功能，技术架构是基础，运营模式是支撑，稳定机制是保障，并在功能方面表现出显著优势，进而带动一场支付变革。2023 年下半年以来，稳定币在全球市场的政策认可度快速提升。截至 2025 年 6 月底，稳定币市场规模已超过 2 600 亿美元，持有稳定币的活跃钱包地址接近 6.7 亿个，并与传统支付机构、银行体系等快速融合。花旗银行预测，在乐观情景下，到 2030 年，稳定币市场规模将达到 3.7 万亿美元，成为影响全球货币金融格局的关键力量。[①] 与此同时，各国（地区）顺势而为，积极支持本国（地区）稳定币发展。欧盟、日本、新加坡、阿联酋、中国香港等地已经出台规范稳定币创新发展的法案。2025 年 6 月，《指导与建立美国稳定币国家创新法案》（Guiding and Establishing National Innovation for U. S. Stablecoins Act，简称 GENIUS，又称《天才法案》）获得美国参议院投票通过。英国、澳大利亚、韩国和土耳其等主要国家也已宣布相关立法计划。

从技术架构看，稳定币是基于公链发行的，以保障自己的去中心化和匿名性特征；从运营模式看，稳定币的发行是中心化的，但发行之后的交易和清结算是去中心化的；从稳定机制看，发行人对储备资产实施严格的托管和投向管理，保障价值稳定；从功能表现看，稳定币表现出自助式开户、清算即结算（也被称为“支付即结算”）以及支持条件式交易等特点，在支付成本和支付效率方面表现出明显优势。

一、技术架构

从技术架构看，稳定币是基于公链发行的，以保障自己的去中心化和匿名性特征。以 USDT 为例，我们可以对稳定币的技术堆栈有一个大致的了解。第一层是作为公链的比特币区块链，USDT 的发行人 Tether（泰达）的交易分类账通过共识系统

① 除此之外，还有一些机构给出了不同的预测结果：对于 2028 年末的稳定币市值，美国财政部和渣打银行预测的是 2 万亿美元，加密交易所 Coinbase 预测的是 1.2 万亿美元，摩根大通预测的是 5 000 亿美元。

Omni（一种基于比特币的二层协议），嵌入比特币区块链作为元数据。这是稳定币去中心化的核心，在开放的公链上发行，可以实现点对点、匿名性的去中心化交易。目前 USDT 的底层发行公链还包括 Ethereum（以太坊）、TRON（波场）等多个区块链，Tether 还发布了 USDT 自己的 L1 公链 Stable。第二层是 Omni Layer 协议，用于授予（创建）和撤回（销毁）数字代币 USDT，跟踪和报告 USDT 的流通情况，并支持用户通过加密网络钱包、Omni 钱包等，点对点交易和存储 USDT 以及其他加密资产和代币。第三层是应用系统，Tether 接受法定货币并发行 USDT、支付法定货币并撤回（销毁）相应的 USDT，管理区块链钱包、交易所和商家的集成，运营发送、接收、存储和转换 USDT 的网络钱包。

二、运营模式

从运营模式看，主流的稳定币由发行人中心化发行，发行后用户可以自由交易。以 USDT 为例，从资金流向来看，其运行模式包括五个主要环节：一是用户将法币等存入 Tether 的银行账户；二是 Tether 按照 1∶1 的比例为用户创建 USDT，同时将储备资产进行托管和投资；三是 USDT 进入流通后，可以在任何企业或个人之间自由交易，用户既可以通过加密交易所交易，也可以在场外市场点对点交易；四是用户可以将 USDT 存入 Tether 公司账户赎回法币，也可以在加密交易所通过二级市场交易赎回法币；五是 Tether 销毁 USDT 并向客户支付法币。从中可以看出，稳定币的发行是中心化的，发行人是唯一可以将稳定币投入流通（创建）或将其撤出流通（销毁）的主体；但是在发行之后，稳定币作为支付工具可以在用户之间自由交易，且不需要中心化的支付清算机构。以法币抵押型稳定币为例，其运营模式见图 1–2。

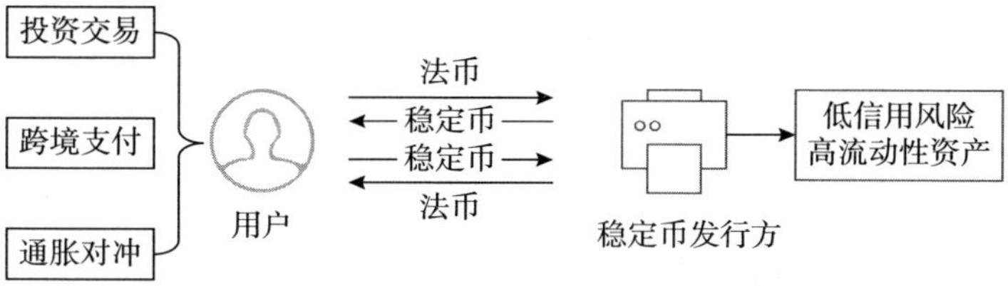

图 1–2　法币抵押型稳定币的运营模式

三、稳定机制

从稳定机制看，发行人对储备资产实施严格的托管和投向管理，保障价值稳定。在稳定币发行后，维持稳定币币值稳定是重中之重，其中关键在于储备资产的投资管理。按照当前各个国家（地区）的监管框架，首先，稳定币发行人会将用户购买稳定币的法定货币（储备资产）交由独立的持牌机构进行托管；其次，稳定币发行人会按照法规设定的资产品类（主要是国债、货币市场基金、银行存款等高信用等级、高流动性的资产）进行投资；最后，稳定币发行人会聘请独立的（持牌）会计师事务所，定期对储备资产的总体规模和投向结构进行独立审计，并对外公开发布。由此可以看出，稳定币储备资产的托管、投资、审计也是中心化的，对储备资产进行稳健的投资管理是维持稳定币价值稳定和偿付能力的关键所在。

四、功能表现

在功能表现方面，稳定币基于区块链发行，可直接通过链上转账进行支付，并表现出自助式开户（传统金融体系开户一般需要用户到银行现场开户，且需要实名认证；而稳定币开户无须用户到现场，在各国具体监管政策出台之前也无须实名认证，其账户不存在国家和地区的区别，即天然跨境）、清算即结算（区块链每完成一次出块，即完成所有的清算和结算程序），以及支持条件式交易（通过部署智能合约，可以实现各种复杂的金融逻辑）等特点，在支付成本和支付效率方面表现出明显优势。关于稳定币的技术属性见图 1–3。

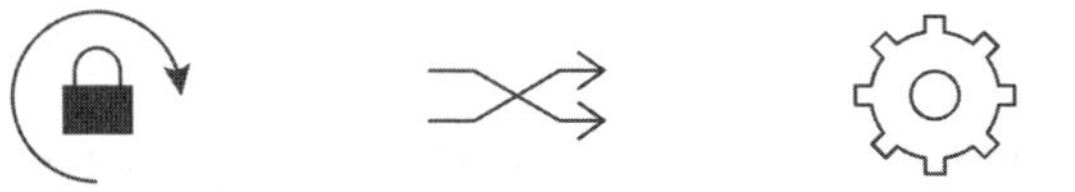

图 1–3　稳定币的技术属性：全新的基础设施

（一）自助式开户：使服务的门槛变得更低

账户是金融服务的基本单元，也是金融监管的重点领域。在传统金融体系，账户和个人是强绑定的，你如果要开设一个银行账户，需要到银行现场办理，即使在金融科技如此发达的今天，这一点依然是金融机构坚守的传统。

但是，区块链采用非对称加密技术定义账户，任何人只要掌握私钥，就可以控制账户资产，服务全过程不需要任何机构参与，几乎可以实现自助式开户。但是，基于区块链开设的账户和现实世界的人并没有直接绑定，不仅一人可以开多个账户，而且账户的控制权也完全体现在私钥层面，现有的技术体系只能证明这个账户受某个私钥控制，但不能证明这个账户属于某个人。[①]所以说，自助式开户是一把双刃剑，它既可以显著降低用户的使用门槛，给用户带来便捷，也会给一些黑产和金融犯罪活动提供便利。有鉴于此，各国（地区）对稳定币发行人和加密资产交易所的监管制度不断完善，对稳定币发行人和交易所给客户开户均提出了 KYC（了解你的客户）和验证身份方面的要求，但稳定币的转账交易仍具有匿名性，需要谨慎对待。

（二）清算即结算：使交易的效率变得更高

清算和结算是资产交易过程中两个非常基础的业务环节，其中清算就是对账，它汇总一段时间内某个金融机构代理的所有用户发生的买卖双向交易，在金融机构之间算出一个往来总账，然后在金融机构内部按照具体的账户进一步核算。汇总对账的过程被称为“清算”，按照清算的结果进行资产交割就是“结算”。

在传统的金融体系中，无论是一笔支付，还是资产交易，都是一个需要多方参与且各方进行复杂交互的过程。以证券交易所中的资产交易为例，整个过程需要 CSD（中央证券存管）、CCP（中央对手方）、SSS（证券结算系统）、PS（支付系统）分别发挥证券登记、做市和清结算的功能。所以，我们在证券交易所交

① 尽管市场已经出现基于 MPC（Secure Multi-Party Computation，多方安全计算）技术将人和账户进行绑定的解决方案，但区块链原生系统并不提供类似功能，目前的使用率也有待提升。

易股票的时候，往往需要遵守 T+1 或者 T+2 的规则，就是说买了某只股票之后，只能在 1 天或者 2 天之后卖出，这个“1 天”和“2 天”就是用来清结算的时间。

基于区块链进行资产交易则与上述情况完全不同，区块链账本本身就是 CSD 和 SSS，可以自行发挥证券登记和结算的功能。区块链每出一次块，所有交易的清算和结算就全部完成了；如果区块链出块的速度足够快，清结算就会随着交易的完成而同步完成，并不需要再花时间。这一点不仅对于资产交易有利，对于链上支付也能带来效率的提升。

（三）支持条件式交易：让金融插上智能的翅膀

区块链支持智能合约，一旦合约被部署在分布式计算网络上，特定的交易就只能按照合约中设定的条件自动执行，而不会被任何一方终止。智能合约的这种特性比较适合多方参与的复杂交易，一旦触发智能合约的付款条件，交易将被无条件执行，也就不再面临信用风险。比如在保险业务中可以通过智能合约设定赔偿条款，一旦触发赔偿条件，赔偿资金就可以自动转账至投保用户。

资产证券化是指融资人以能够产生稳定现金流的资产或权益为支撑构建资产池，通过结构设计增强信用，并将其转化为可以在金融市场出售和流通的证券。资产证券化的本质体现为非标准化资产向标准化资产转变，因此资产证券化业务的核心环节，一是基础资产现金流的确认，二是通过各种中介机构的参与构建复杂的结构化产品，以实现风险隔离和信用增级的目标。

区块链应用于资产证券化业务可以使信息处理效率大大提升，智能合约可以实现资产证券化业务流程中的信用增级、金融资产清结算等功能；还可以利用智能合约实现资产证券化关键业务流程的自动执行，如现金流回收、基础资产分配等，降低人工操作失误的可能性，使资产证券化的整个业务流程得到有效管理，降低每个环节造假的可能性。

第二章

稳定币的职能和金融属性

稳定币价格锚定法币，其发行方式明确受法律监管，基于此，稳定币的产品职能主要由监管政策对其发行方式的限定所定义，同时稳定币的金融属性也体现在与之相关的层面。

第一节　金融属性：四类产品的结合

从整体而言，稳定币是加密资产、CBDC（央行数字货币）、第三方支付以及货币市场基金的综合体。它在技术上依托加密资产采用的区块链和分布式账本等，具有去中心化交易的属性；在形式上与央行数字货币一样，都在推动法定货币的代币化进程；在功能上主要履行与第三方支付类似的功能；在价值上则具备与货币市场基金类似的价值稳定特性（见图 2-1）。这些功能的聚集既赋予稳定币独特的市场定位，也打开了稳定币的应用场景。

随着各国（地区）监管框架不断明确，预计未来稳定币将在全球货币金融体系中发挥越来越重要的作用。

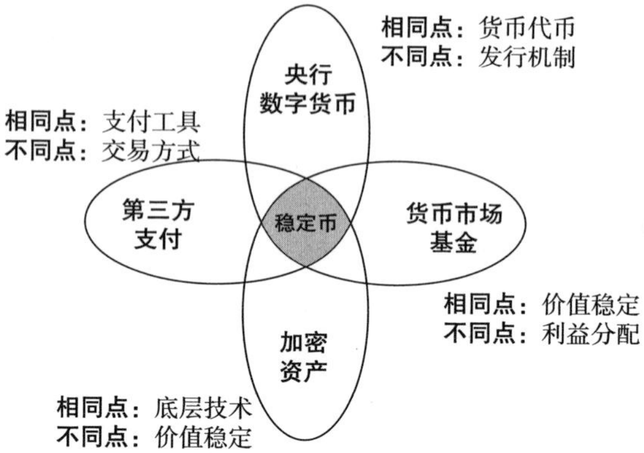

图 2-1 稳定币的金融属性

一、稳定币 vs 加密资产

稳定币与加密资产的底层都是基于区块链技术和分布式账本技术发行的。不同于受中央管理员控制数据存储的传统数据库，分布式账本是一个同步数据库系统，不由任何单位、组织或个人维护，而是由网络中的每个节点分别自动构建和记录信息，且账户信息对任何网络成员都可见。区块链是分布式账本的实现形式之一，通过一系列相互链接的区块来记录交易和信息，并利用密码学和共识机制保证数据的安全性和彼此的可信度。比特币、以太坊等加密资产基于去中心化账本运行，底层采用的是公链架构，在没有中央机构控制的情况下，通过共识机制实现去中心化的治理与验证。比如，USDC 和 USDT 等稳定币都是基于去中心化的公链发行的，具有很好的开放性，支持可控匿名，可以直接点对点交易，天然具有跨境属性。

稳定币与加密资产发行管理机制的中心化程度不同。比特币、以太坊等原生加密资产在公链上发行和交易，通常被认为是完全“去中心化”的。这意味着没有单一的实体或机构控制这些资产的发行、交易和验证过程，所有参与者在网络上都有平等的权利和义务，可以在不依赖中央机构的情况下参与交易，共同维护和验证交易记录。稳定币虽然基于区块链的分布式账本运行，可嵌入智能合约，支持 DeFi 中的借贷、交易等，无须传统金融中介即可自动实现结算，但对占据主流的法币抵押型稳定币而言，其创建和销毁都是由发行人中心化完成的。同时，稳定币储备资产的托管和投资管理也都是中心化的，只有交易是去中心化的。

以 USDC 为例，它是由 Circle 中心化发行的，所有已发行、流通的 USDC 都由等值的法币计价资产完全支持，这些资产存放在隔离的储备账户中，可以按 1∶1 的比例兑回相应的法币。同时，Circle 成立了 Circle Reserve Fund 来管理 USDC 的储备资产，由 BNY Mellon（纽约银行梅隆公司）担任该基金的主要资产托管方，并将储备资产交给全球最大资管机构 BlackRock（贝莱德）管理。

稳定币与加密资产的价值稳定机制与稳定程度不同。比特币、以太坊代币等原生加密资产缺乏链下资产支持，价格是由市场供需决定的，平常的波动幅度较大。例如，比特币存在 2 100 万枚的最大供应量限制，具有较强的稀缺性，被视为投资工具；ETH 是 Ethereum 区块链平台的原生货币，更偏向于作为支持智能合约的平台，使开发者能够建立去中心化应用，但其发行量没有上限，价值更多来自其生态系统的应用。正因如此，加密资产主要作为投资产品，而非支付工具。

稳定币与加密资产不同，它的价值波动较小，主要作为支付工具。目前，稳定币包括法定货币抵押的稳定币（如 USDT、USDC）、加密资产抵押的稳定币（如 DAI）、黄金等大宗商品抵押的稳定币（如 PAXG），以及基于算法的混合型稳定币（如 FRAX），其中法币抵押型稳定币的市值占比在 95% 以上，其背后有 100% 的储备资产支持，价值与法定货币 1∶1 锚定，平常的价格波动非常小。正因如此，稳定币主要是支付工具，自身并没有太大的投资价值。

二、稳定币 vs 央行数字货币

稳定币与央行数字货币都是法定货币的代币化。稳定币的发行是指利用法定货币（包括基础货币与银行存款）向发行人购买稳定币，稳定币持有人可以根据需要随时将稳定币兑回法定货币。在此过程中，稳定币发行人对稳定币提供 100% 的储备支持，既没有导致基础货币的增发，也没有发放贷款，购买和赎回都会带来银行账户资金的相应变化，因此发行人没有创造货币，也不存在分享铸币税的问题。这说明稳定币是将法定货币代币化后转移到区块链上进行交易的，与央行数字货币类似，只是改变了货币的形态，提高了法定货币的流通和交易效率，并没有创造新的货币。

2025 年 6 月，BIS（国际清算银行）发布研究报告《下一代货币和金融体系》，基于货币的单一性、弹性与完整性三个标准，分析指出稳定币作为货币存在较大缺陷，并非未来货币金融体系的支柱。但如果稳定币只是法定货币的代币化，其定位是基于法币的新型支付工具，并没有创造用于实体经济交易的货币，那么BIS的上述分析判断就是不合理的。此外，BIS的研究报告对稳定币风险和完整性的分析有些滞后，没有考虑2025年以来各国（地区）积极推进的稳定币监管体系建设，及其对稳定币市场稳健运行的积极影响。

稳定币与央行数字货币的主要区别在于，二者的发行主体不同，法偿性效力存在差异。央行数字货币是各个央行推出的法币代币化，是基础货币的数字化版本。例如，各个央行推出的零售型央行数字货币（如数字人民币），主要用于生活缴费、餐饮服务、交通出行、购物消费、政务服务等领域，与基础法币拥有同样的法偿性、强制性与通用性。而法币抵押型稳定币是市场机构推进的法币代币化，其商业逻辑并非建立在法偿强制或国家（政府）信用之上，而是依赖于市场对发行人资金管理能力、兑付履约能力及合规经营机制的信任。因此，稳定币的接受范围是由市场主体自主决定的，如果发行人破产，持有人就会面临无法兑回稳定币的可能。

稳定币与央行数字货币的底层技术不同，交易支付效率存在差异。当前各个央行测试的央行数字货币，主体技术架构还是集中式的账户体系，只是在局部环节使用了私有链、联盟链和分布式账本技术，央行仍是中心的控制者和结算人。例如我国数字人民币对背后的系统做了分层处理，核心系统采用中心化的传统架构以实现高性能，同时采用分布式账本技术，在确权登记中保证中央银行与商业银行对央行数字货币权属信息的一致性。而稳定币的底层技术包括区块链公链和智能合约技术，公链的去中心化特性使稳定币的交易可以在点对点之间直接进行，无须经过传统的金融机构或第三方清算机构。因此，稳定币在支付上具有明显的优势，即使跨境支付也可以实现“支付即结算”，最长的结算时间不会超过 1 小时，很多高性能区块链发送稳定币的平均成本不到 1 美元。

一些国家的央行数字货币会受到外币稳定币的冲击。在一些通货膨胀较为严重、法定货币面临贬值风险的国家，稳定币已经在一定程度上替代了本币，尤其在那些难以通过正规渠道获得美元的国家，美元稳定币被视为一种类似于硬通货的替代工具。2024 年 9 月，Visa（维萨）公司对巴西、印度、印度尼西亚、尼日利亚和土耳其的调研结果显示，稳定币已广泛应用于货币替代、商品和服务支付、跨境支付以及薪资支付等领域。在此背景下，2025 年 6 月 18 日，中国人民银行前行长周小川在陆家嘴论坛上表示，要警惕美元稳定币对其他国家货币体系带来的美元化冲击。

此外，央行数字货币可与本币稳定币实现共同发展。比如 2018 年英国开始的 Fnality 项目探索打造“批发—零售”双层体系的稳定币发行模式，利用 DLT 构建一个受监管的代币支付网络，为批发支付和跨境结算提供安全、高效的解决方案。

三、稳定币 vs 第三方支付

稳定币与第三方支付的定位都是支付工具，业务模式高度类似。两者都是 1∶1 与法定货币锚定的，主要履行支付功能。欧盟、美国、新加坡、阿联酋以及中国香港的稳定币监管体系都聚焦于支付稳定币。在业务经营上，第三方支付机构不能向支付账户资金支付利息和开展贷款业务，稳定币发行人也不能向持有人支付利息和开展贷款业务。基于此，2025 年 6 月 23 日，中国香港金融管理局总裁余伟文发布专栏文章《稳定币的稳妥和可持续发展》，明确提出“稳定币并不是投资或投机的工具，而是运用区块链技术的支付工具之一，本身并没有升值空间”。

稳定币与第三方支付的储备资产均由第三方托管。第三方支付机构和稳定币发行人可对储备资产（备付金）进行管理，从中获取投资收益，不同的是，稳定币储备资产的投资范围大于第三方支付机构的备付金。关于第三方支付机构的备付金管理，2018 年之前，国内的要求是第三方支付机构在商业银行开立备付金账户，备付金可以投向协议存款等。为进一步确保备付金安全和支付业务的连续性，2018 年 11 月中国人民银行支付结算司下发《关于支付机构撤销人民币客户备付金账户有关工作的通知》，要求第三方支付机构撤销在商业银行开立的备付金账户，并将备付金统一交存至中国人民银行，第三方支付机构只能获取活期存款的利息收入。

稳定币与第三方支付在支付系统、储备资产投资范围、使用场景等方面存在以下明显差异。一是在支付系统上，第三方支付系统依赖中心化的账户体系，通过将用户的银行账户或预付资金与支付平台进行绑定来实现支付操作，主要定位为支付渠道。稳定币则建立在区块链技术之上，其发行与交易依托去中心化的分布式账本，并通过与某种法定货币的价值挂钩来保持其价值的稳定性。

二是在储备资产投资上，第三方支付的储备资产只能存放在央行，而稳定币发行人的储备资产投资范围更广。例如，美国《天才法案》明确要求，稳定币储备资产的投资范围主要是美国的美元资产，包括美元现金、短期美国国债、美联储票据、货币市场基金以及中央银行存款等。

三是在使用场景上，第三方支付的主要用途是处理境内的小额日常支付，如在线购物、账单支付和个人转账等。随着跨境支付需求的增长，部分第三方支付系统也开始支持国际支付，但主要局限于旅游消费等领域。稳定币的推出起源于加密资产的投资交易结算，近年来快速向跨境贸易支付、代币化资产交易、金融市场结算等领域拓展。在此过程中，支付机构和银行机构，如PayPal、Stripe、摩根大通、美国银行、法国兴业银行、Emirates NBD（阿联酋国民银行）等，主动探索发行稳定币和开展稳定币支付；Visa、万事达卡与加密货币交易所，如Kraken、OKX、Crypto.com等，合作使用稳定币用于日常消费支付，万事达卡宣布将开发“多代币支付网络”。

四、稳定币vs货币市场基金

稳定币与货币市场基金都通过限定投资范围来维持价值稳定。稳定币的储备资产投向与货币市场基金的资金投向高度相似，都是高信用、高流动性的金融资产。例如，美国货币市场基金的投向主要包括政府债券、银行存款证、回购协议、商业票据，以及其他低风险、高流动性的金融工具。中国将货币市场基金的投资范围限定为现金，期限在1年以内（含1年）的银行存款、债券回购、央行票据、同业存单，剩余期限在397天以内（含397天）的债券、非金融企业债务融资工具、资产支持证券等。其他国家对稳定币储备资产的投向，也主要限定在国债、国债质押的回购协议、货币市场基金、银行存款等方面。对投资范围的限制，加上相应的资本、流动性和期限要求，保障了货币市场基金与稳定币的价值稳定。

在历史上，美国货币市场基金发生过的最严重状况是从 1 美元的面值跌到 0.97 美元。在 2008 年雷曼兄弟破产的次日，美国最大的货币市场基金 Reserve Primary Fund 的 NAV（净资产价值）跌至 0.97 美元，但之后很快恢复了稳定。稳定币在前期出现过几次脱锚，原因主要有两个方面：一是 LUNA 等算法型稳定币崩盘，这主要是因为算法设计不完善（目前算法型稳定币已不再是主流的稳定币）；二是早期的储备资产托管、投资和透明度监管机制缺失，导致出现挪用储备资产、重复抵押投资以及投资高风险资产等行为，比如 Tether 将 USDT 的部分储备资产投向了比特币、银行贷款等高风险产品。随着各国（地区）监管机制的完善和稳定币市场向法币抵押型稳定币聚集，稳定币的脱锚风险已大大降低。

稳定币储备资产与货币市场基金的收益分享机制存在明显差异。货币市场基金作为一种投资工具，由投资者承担风险和收益，即基金的收益与损失完全由持有人承担，基金管理人仅收取基金管理费。而稳定币作为支付工具，发行人向持有人承诺维持稳定币与法定货币在价值上 1∶1 锚定，但储备资产的投资收益由稳定币发行人享有，投资损失也由发行人承担。需要说明的是，尽管美国的投资者可以基于货币市场基金签发支票、转账和支付消费账单，国内的余额宝等货币市场基金也可以用于消费支付等，但这背后是通过货币市场基金与银行支票账户、支付机构支付账户关联合作来完成的，并非货币市场基金自己的特定功能。

第二节 厘清认识：消除六大误区

目前国内对稳定币的认识存在六大误区：一是对稳定币功能属性和交易治理机制的认识不到位，将稳定币等同于一般加密资产；二是对稳定币的价值稳定机制和储备资产管理的认识不到位，认为稳定币的价值并不稳定；三是对稳定币与央行数字货币的互补性和共存性认识不到位，认为两者的发展存在冲突；四是对稳定币使用范围的管理与政策调控的影响认识不到位，认为稳定币有损于国内货币主权；五是对稳定币与货币国际化、mBridge（多边央行数字货币桥）的关系认识不到位，认为稳定币不利于本币国际化；六是对区块链交易监测技术和AML（反洗钱）制度的演进认识不到位，认为稳定币会加剧非法金融活动风险。

这些误区既涉及稳定币的功能定位、稳定属性，也涉及稳定币与央行数字货币的关系，更涉及稳定币对货币主权、货币国际化和非法金融活动的影响，导致发展离岸或在岸人民币稳定币时缺乏政策共识。只有厘清这些认识，才能全面客观地认识稳定币的功能属性和战略价值。

一、稳定币等同于一般加密资产？

在关于稳定币的讨论中，一些观点泛泛地将稳定币等价于加密资产，认为稳定币完全去中心化、价格高度波动、缺乏价值支撑、风险太高。从概念界定来看，加密资产是使用分布式账本技术或其他类似技术记录的、以数字化形式表示的价值，赋予持有者拥有权、使用权和经济权利。加密资产具有多种类型，稳定币是其中较为特殊的一类，在功能属性和治理机制上，与比特币、以太币、狗狗币等一般意义上的加密资产存在很大差异。

从功能属性来看，这一误区缺乏对加密资产的结构性认识。加密资产具体包括五种类型：央行数字货币、稳定币（主要是法币支持的稳定币）、金融产品和 RWA 代币化、无链外资产支持的代币（如比特币、以太币）以及迷因币（如特朗普币、狗狗币）。其中，稳定币，特别是法币支持的稳定币，既具备法定货币的稳定性和可信性特征，又拥有区块链给加密资产带来的去中心化、全球化、透明、高效率等优势。在历史上，尽管稳定币也出现过币值跌破承诺面值的时刻，并且发生过一些风险事件，但整体上是稳定的，且随着发行管理机制和监管体系日趋完善，稳定币币值的稳定性也将越来越高。

从交易治理来看，这一误区没有分析稳定币背后的技术差异。比特币、以太币等加密资产的发行交易依赖 PoW（工作量证明共识机制）、PoS（权益证明共识机制）等共识算法，不仅完全去中心化，价格也完全由市场供需来确定。而 USDC、USDT 等稳定币大多由发行机构中心化发行（去中心化稳定币占比少，由协议和智能合约管理），价值通过发行人的资产储备（稳定币背后支持资产的信息披露和审计报告等）来证明，发行人保留冻结异常账户、调整智能合约参数的权利，具有半中心化的治理特征。例如，美国《天才法案》要求稳定币发行人具备技术能力，遵守扣押、冻结、销毁或阻止已发行稳定币转移的合法命令。

正因为稳定币与比特币等狭义加密资产的实质性差异，欧盟、日本、新加坡、阿联酋、中国香港，以及已经推出稳定币立法、正在制定加密资产法案的美国，都将一般性加密资产认定为金融资产（如证券），而将稳定币视为支付工具（支付稳定币），并制定不同的监管法规。

二、稳定币的价值不稳定？

在稳定币的发展史上，出现过几次价值脱锚的风险事件，比如2017年4月，美元稳定币USDT的价格跌至0.92美元；2022年5月，算法型稳定币 UST 崩盘；2023 年，美元稳定币 USDC 的价格因硅谷银行的倒闭而骤跌，一度低于 0.87 美元（当时 USDC 约 400 亿美元储备中有 33 亿美元存放在硅谷银行），其他规模较小的稳定币也时常出现价格跌至承诺价值以下的情况。对此，一些观点认为“稳定币并不稳定”。这些观点是对稳定币稳定机制和储备资产管理的认识不到位。

首先，我们需要客观认识稳定币的不同类型及其稳定表现。根据稳定币背后的价值支撑，稳定币可划分为法币抵押型稳定币、商品抵押型稳定币、加密资产抵押型稳定币和算法型稳定币四大类。从价格稳定性看，缺乏资产支持的算法型稳定币的稳定性最低，加密资产抵押型稳定币的稳定性次之，而法币抵押型稳定币和商品抵押型稳定币的稳定性最高。目前，发行量、交易量最大的是法币抵押型稳定币，市场占比超过 95%，绝大部分稳定币背后有法定货币或资产的支持。正因如此，各国（地区）的监管法规（比如美国《天才法案》）都将法币抵押型稳定币纳入监管认可范畴，而将算法型稳定币排除在外。

其次，稳定币发行人在不断改善储备资产的透明度和稳定性。规模最大的稳定币 USDT 的透明度一直备受争议，随着各国（地区）监管政策的制定与实施，其也聘请了首席财务官，并宣布聘请全球知名会计师事务所对其储备资产进行规范审计，在透明度上迈出了一大步。规模第二大的稳定币 USDC 在透明度和合规性方面一直是行业典范，其发行机构 Circle 每个月都会接受独立审计机构的储备资产审查，每周披露储备资产的结构状况等。此外，Circle 还倡议构建 TCAF（代币资本充足框架），采用动态风险敏感模型，从压力测试储备和利益相关方的意见入手，同时考虑区块链网络性能和网络安全等技术风险，这些规定超过了《巴塞尔协议Ⅲ》对银行资本充足率的要求。两家头部稳定币发行平台的透明度、合规性、稳定性机制建设，得到了整个稳定币市场的认可。

此外，国际社会针对稳定币发行人经营管理的监管机制也在加快完善。2022 年以来，日本、欧盟、阿联酋、新加坡、中国香港等地相继发布了稳定币监管法案，从牌照准入、经营管理（涉及发行人的业务范围、公司治理、资本、流动性和风险管理等）、储备资产投资和客户兑付、反洗钱和反恐怖融资等方面，对稳定币发行人做出了明确要求，稳定币发行交易监管框架越来越清晰。美国《天才法案》为稳定币发行人设定了针对性资本、流动性和风险管理要求，并要求发行人每月提交经首席执行官和首席财务官认证的流动性报告和储备构成报告，且每年都要接受审计。

所以，稳定币的稳定是有一定制度基础作为支撑的。随着各国稳定币相关监管政策的出台，稳定币内在价值的稳定性也将进一步得到提升。

三、稳定币与央行数字货币存在冲突？

法币抵押型稳定币是市场机构推进的法币代币化，发行之后主要用于加密资产的交易结算和实体跨境贸易支付，且交易去中心化；而央行数字货币是各个央行的法币，整体上仍基于集中式数据库架构发行管理。对此，一些观点认为稳定币的“去中心化”特性与各个央行对支付体系的集中化管理存在冲突，会抑制央行数字货币的使用。事实上，这种观点是对二者互补性和共存性的认识不到位。

首先，法币抵押型稳定币与央行数字货币的使用场景存在明显互补性。各个央行推出的零售型央行数字货币（如数字人民币），应用场景主要是生活缴费、餐饮、交通、购物、政务服务等领域。当前，一些国家也推出了金融机构间结算的批发型央行数字货币。未来稳定币主要用于企业对企业电子商务跨境结算、离岸市场流通、加密资产交易、DeFi 生态等，交易去中心化且“支付即结算”（PvP，交易支付的同步交收），在跨境支付成本和效率上，较当前的银行跨境支付结算体系具有明显优势。现有的银行跨境汇款通常需要 5 个工作日，跨境汇款平均成本率为 6.62%（世界银行提供的 2024 年第三季度全球跨境汇款的平均成本数据），但基于稳定币的跨境支付基本上是实时结算的，很多高性能区块链发送稳定币的平均成本不到 1 美元。

更重要的是，各国中央银行的目标是通过货币政策调控来维持物价稳定、经济平稳较快增长等，并不是实现央行法币（主要是央行数字货币）的发行流通数量最大化。

其次，稳定币的去中心化特性与央行数字货币的管理模式也可共存。在技术架构上，当前我国数字人民币对背后的系统做了分层处理，核心系统采用中心化的传统架构以实现高性能，同时采用分布式账本技术，在确权登记中保证中央银行与商业银行对央行数字货币权属信息的一致性，即探索中心化管理与去中心化账本的协同。在业务运行上，2022 年 10 月，我国香港金融管理局与 BIS 创新中心合作推出了 Aurum 项目，它是一个央行数字货币与稳定币混合运行的数字货币体系，建立了两种不同类型的代币——中介 CBDC（央行的直接负债）和由 CBDC 支持的稳定币（发行机构的负债），积极探索去中心化交易的稳定币与集中化管理的央行数字货币共同运行的模式。

此外，当前主要国家的政策已转向支持稳定币与央行数字货币共同发展。一方面，根据 2024 年 BIS 的调查统计，各国（地区）对央行数字货币的兴趣明显提升，探索试验的国家和地区已有 100 个左右；另一方面，欧盟、阿联酋、新加坡、中国香港等地已发布稳定币、加密资产的监管法规。2025 年世界主要国家支持稳定币、加密资产合规创新发展的立法进程明显加快，英国、澳大利亚、日本、韩国、土耳其、阿根廷、尼日利亚等宣布了制订稳定币、加密资产法案的计划。由此可以看出，各国（地区）的政策主线已经转向支持稳定币、加密资产与央行数字货币融合发展。

四、稳定币有损国内货币主权？

稳定币交易具有显著的去中心化、全球化属性，一些观点认为稳定币会导致国内主权货币替代，弱化央行货币政策调控能力。这一观点是对稳定币使用管理、货币政策调控的认识不到位。不论从发展历程来看，还是从政策实践来看，其背后的担忧并不存在，或可通过制度设计消除。

关于货币主权替代，可通过限制稳定币境内使用和加强稳定币储备资产管理来解决。对于一些国家，特别是小国而言，其他国家的法币抵押型稳定币在本国境内大规模使用，确实会对本币流通产生挤出效应。但在发行稳定币的过程中，为限制美元稳定币等外币稳定币对境内本币支付的冲击，欧盟和阿联酋等地的监管法案做了针对性安排，如限制或者禁止外币稳定币在本国或本地区交易支付中使用。同时，对于稳定币的储备资产管理，各国（地区）的共性监管要求是，本币稳定币发行人需要将储备资产托管在本国或本地区的金融机构中，投资于本币计价的资产。例如，美国《天才法案》明确要求，稳定币储备资产的投资范围主要是美国的美元资产，包括美元现金、短期美国国债、美联储票据、货币市场基金以及中央银行存款等。这既避免了货币替代风险，也降低了货币主权替代风险。

对于货币政策调控受到的冲击，可通过渐进式发展稳定币和央行公开市场操作来解决。在发行方面，为缓解短时间内稳定币快速发展给已有货币体系和货币政策带来的冲击，欧盟《加密资产市场监管法案》（简称《MiCA 法案》）要求，ART（单个资产参考代币）、EMT（电子货币代币）的日交易量不得超过 500 万欧元，且 ART、EMT 的市场价值超过 5 亿欧元时，发行人需要向监管机构报告并满足额外要求。在使用方面，可以采取“先离岸、后在岸、最后境内”的推进路径（如阿联酋），先限定“适格人群”，之后逐步放开“使用人群”；先限定金融交易支付等局部使用场景，之后不断放开全部使用场景。此外，从欧洲美元、石油美元的发展历程来看，美元全球化后仍然受美联储货币政策调控的影响，法币抵押型稳定币背后的储备资产仍然是本币计价且在本国交易，受本国央行货币政策调控的影响。

五、稳定币不利于本币国际化？

这一观点主要针对人民币国际化而言。当前我国积极推进人民币跨境支付系统（如 CIPS[①]）发展，同时推进 CIPS 与 mBridge[②] 项目融合，以此作为推动人民币国际化的重要渠道。当前，CIPS 的参与机构已覆盖 185 个国家和地区。对此，有一种观点认为人民币稳定币的发行和交易不利于 CIPS 发展，进而不利于人民币国际化的推进。这种观点似是而非，是对稳定币推动货币国际化作用的认识不够准确。

---

① CIPS（人民币跨境支付清算业务的批发类支付系统）是专司人民币跨境支付清算业务的批发类支付系统，其参与者为金融机构（如银行、金融基础设施运营机构等），需要满足法人资格、跨境业务资质等。

② CIPS 与 mBridge 的主要区别在于：CIPS 属于中心化的 RTGS（实时全额结算系统），依赖 SWIFT 或直参行网络完成跨境人民币清算，需要通过代理行账户中转资金；而 mBridge 基于区块链和分布式账本技术，采用央行数字货币实现“支付即结算”，不用代理行账户，交易效率达秒级（6 ~ 9 秒），且支持多国 CBDC 原子化交易（如外汇同步交收）。

一方面，人民币国际化的突破性进展需要将人民币稳定币作为新引擎。近年来，在推广 CIPS 与扩大本币互换协议，提升人民币在共建“一带一路”国家投资贸易中的使用等措施的支持下，人民币在全球支付中的占比上升至第四位（2024 年 12 月占比为 3.75%），但市场份额仍有巨大的提升空间，特别是人民币在非中国企业参与的国际支付中使用较少。稳定币具有天然的全球化属性，截至 2025 年 7 月，过去 12 个月内稳定币的交易规模至少达到 7.7 万亿美元，交易数量至少达到 17 万亿笔，2024 年的交易规模超过 Visa 和万事达卡支付规模的总和，已逐渐成为跨境交易支付的主流方式。积极推进人民币稳定币在跨境贸易和国际结算中的使用将是人民币国际化的重要抓手，它与通过 CIPS 拓展应用来推进人民币国际化并不冲突。

另一方面，人民币稳定币的发展有助于降低 mBridge 面临的不确定性。尽管数字人民币可以通过 mBridge 进行跨境支付、提升人民币的国际化水平，2024 年 6 月已经进入 MVP（最小化可行产品）阶段，但在 BIS 退出 mBridge 并转而支持美、欧央行主导的 Agora 项目的情况下，mBridge 的发展前景仍存在不确定性。通过人民币稳定币来提高人民币在国际支付结算中的占比，有助于弥补数字人民币在离岸场景渗透不足、对冲 mBridge 项目推广时面临的不确定性。

六、稳定币会加剧非法金融活动风险？

稳定币是基于区块链发行和交易的，具有去中心化、全球化、匿名性、交易不可撤销等特点，其链桥技术加强了不同区块链的互联互通，可能会使洗钱者更容易隐藏自己的身份和资金来源。对此，一些观点认为稳定币会加大洗钱、资本外逃等非法金融活动风险。这种认识有些过时，没有跟上加密资产领域反洗钱技术和反洗钱监管制度的发展。

区块链技术同样可用于监测稳定币的资金交易流向。自加密资产推出以来，一直有机构和专家在研究设计加密资产的表达模式，并在其表达模式中记录加密资产转移交易的过程。早在 2019 年，BIS 的研究指出，对于基于区块链和分布式账本技术的稳定币和加密资产交易来说，金融监管部门可以将区块链和分布式账本技术应用于金融监管，对稳定币与加密资产实施“嵌入式监管”。一些国家也在探索推进区块链重点节点监管和治理社区监管。此外，当前一些区块链技术企业已经开发出多节点数据加密处理技术，在保证资金安全的同时，利用分布式数据管理系统对资金的具体流向、变化进行实时统计、分析，追踪资金从来源到目的地的过程，揭示了资金的流动以及中间的连接。这些技术完全可以用于对稳定币交易中洗钱等非法金融活动的监管。例如，2024 年 8 月，TRON、USDT 和区块链交易监测平台 TRM Labs 共同成立了 T3 金融犯罪防范联盟（T3 Financial Crime Unit，简称 T3 FCU），在 2024 年与各国（地区）执法部门合作冻结了超过 1.3 亿美元的加密资产非法活动收益。

同时，全球对非法金融活动的监管制度也在快速完善。针对稳定币、加密资产交易中潜在的洗钱风险，FATF（金融行动特别工作组）更新了《打击洗钱、恐怖融资与扩散融资的国际标准：FATF 建议》（简称《FATF 建议》），明确将加密资产（包含稳定币）活动与 VASP（加密资产服务提供商）纳入反洗钱与反恐怖融资国际标准，将对加密资产一次性交易进行客户尽职调查的起点设定为 1 000 欧元 / 美元，并要求将 Travel Rule（旅行规则）的适用范围扩展到加密资产产品和服务。同时，欧盟、日本、新加坡、中国香港等地也都针对加密资产交易服务提出了针对性的反洗钱与反恐怖融资监管方案。比如欧盟的《资金转移条例》要求加密资产服务账户之间任何数量的加密资产转移都需要遵循旅行规则；美国《天才法案》对稳定币交易提出了具体的反洗钱合规要求，并要求发行人具备扣押、冻结、阻止稳定币非法交易的技术能力。

第二部分

发展篇

第三章

从边缘创新迈向全球金融基础设施

自 2014 年 11 月稳定币首次推出以来，其市场发展已经走过了 10 多年的历程，并呈现出一幅技术突破、市场博弈与政策重构彼此交织的画卷。

第一节　萌芽期：USDT 作为法币替身而生

2014—2017 年为稳定币萌芽期。2008 年，中本聪发表《比特币，一种点对点的电子现金系统》，提出一种基于区块链技术的去中心化数字货币构想。2009 年 1 月 3 日，首个比特币区块（“创世区块”）被挖出，标志着比特币正式诞生，此后比特币交易完全依赖 P2P（对等网络），用户通过本地钱包直接交换密钥完成转账，但缺少标准化定价和流动性支持。

2010 年 1 月，全球首个比特币交易所 Mt. Gox 成立，用户首次可通过银行转账购买比特币。然而，这一阶段的交易效率极其低下，银行转账需要3~5个工作日才能到账，手续费为5%~10%，且不同国家之间还存在汇率损失。到2014年，比特币市值已突破100亿美元，但传统银行转账的桎梏仍未解除。

整体而言，在2009—2014年的5年里，市场主体对比特币的支付结算、价值储藏功能进行了尝试性探索，尽管去中心化、透明度、匿名性、实时交付、天然跨境等属性显著，但高波动性、低扩展性以及用户使用门槛，让比特币难以独立成为有效的支付结算手段和被广泛接受的价值储藏手段，市场的认可度和接受度并不高。正是在这样的背景下，Tether推出了USDT——稳定币"泰达币"，搭建了法定货币与加密资产的桥梁，成为加密货币的"货币"，承担了加密资产的计价单位和支付结算等功能。

一、为加密货币交易而生

USDT是由Tether于2014年推出的稳定币，最初名为"真实币"（即Realcoin），由布罗克·皮尔斯（Brock Pierce）、里夫·柯林斯（Reeve Collins）和克雷格·塞拉斯（Craig Sellars）在圣塔莫尼卡创立，并通过比特币区块链的Omni Layer协议发行首批代币。2014年11月更名为泰达币，宣称每发行1美元USDT就将储备等值美元资产，旨在提供价格稳定的加密资产交易媒介。但创始人很快就退出了这个项目，将其出售给Bitfinex的共同所有人——CFO（首席财务官）贾恩卡洛·德瓦西尼（Giancarlo Devasini）和CEO（首席执行官）扬–卢多维克斯·范德维尔德（Jan–Ludovicus van der Velde）。他们认为 Tether 是连接全球比特币平台的关键，可以让比特币像其他金融产品一样交易，无须传统金融的支持。

Tether 的母公司是中国香港的 iFinex 公司，iFinex 同时运营加密资产交易所 Bitfinex。① 尽管这一关联引发了不少争议，一些研究曾质疑泰达币的发行与比特币价格操纵有关（如格里芬和沙姆斯曾指出市场下行时 USDT 增发伴随着 BTC 上涨），但并未妨碍市场对 USDT 不断增长的需求。与此同时，USDT 的发行也从比特币扩展到多个区块链（如以太坊等），并支持除美元之外的多种法币挂钩版本。

二、屡遭黑客攻击而幸存

USDT 在早期的发展道路上，由于技术方案和系统还不够成熟，遭受过多次黑客攻击。

第一个重大事件是 2016 年 Bitfinex 遭遇的黑客攻击。2016 年 8 月 2 日，伊利亚·利希滕施泰因（Ilya Lichtenstein）和希瑟·摩根（Heather Morgan）利用多重签名钱包的漏洞，通过 Bitfinex 的基础设施合作伙伴 Bitgo 盗取了 119 756 枚比特币，当时价值约为 7 200 万美元，按照将近 10 年后的价格（截至 2025 年 5 月底）已超过 120 亿美元。这次事件造成了 36% 的用户资金损失。

① 当时 Bitfinex 是一家新兴的比特币交易所，人员少、规模小。贾恩卡洛·德瓦西尼原本是意大利的一位职业整形外科医生，扬 – 卢多维克斯·范德维尔德是荷兰的一位企业家，长期居住在中国香港。当 2014 年 Mt. Gox 倒闭后，Bitfinex 重建了比特币生态系统，成为领先的交易目的地，类似后来的 Binance。

Bitfinex 通过为用户提供 36% 的账户减发（即所有持有 USDT 的账户资产数量减少至原数量的 64%）并发行 BFX 作为可转换股票来分担损失。这次黑客攻击事件导致了股权变动，因为 BFX 可以转换成 Bitfinex 的股权，从而稀释现有股东的持股比例，并引入新的投资者，包括持有英国和泰国双重国籍的商人克里斯托弗·哈博恩（Christopher Harborn，约占 13%），他们成为 Bitfinex、Tether 管理层的重要盟友。

2017 年 11 月 19 日，Tether 遭遇了第二次黑客攻击。黑客从 Tether 的 Omni Layer 储备钱包中盗取了 3 095 万美元的 USDT，大约占其 6.74 亿美元市值的 4.6%。Tether 通过 Omni 硬分叉（通过修改代码创建新硬币）冻结了被盗资金，使这些被盗取的资金变得毫无价值，并有效地逆转了盗窃行为。这增强了 Tether 系统的可信度，虽然其相对中心化的操作方式引发了用户的议论，但也在某种程度上增强了市场对 USDT 安全性的认可。

尽管如此，从 2017 年开始，受加密资产步入牛市、USDT 同步上线三大交易所等因素的影响，USDT 开始放量增长，2017 年底的规模接近 14 亿美元，相比年初增长了 20 倍。USDT 近 10 年的市值变化见图 3–1。

2017 年，USDT 凭借无缝衔接传统金融与加密生态的优势，迅速占领交易所 90% 的交易对，并催生了跨平台套利的狂欢。交易员在 Binance 与火币间穿梭，利用 USDT 的秒级结算，单日可完成数十次价差交易，效率较 SWIFT 系统提升百倍。2017 年，USDT 链上交易量突破 1 000 亿美元，占比特币交易量的 40%，甚至吸引渣打银行通过 USDT 为非洲矿业公司完成首笔加密资产工资代发。与此同时，USDT 成为恶性通胀国家的“数字黄金”，在阿根廷，黑市 USDT 溢价率一度达 30%，民众将其视为对抗本币贬值的“后防线”。[①]

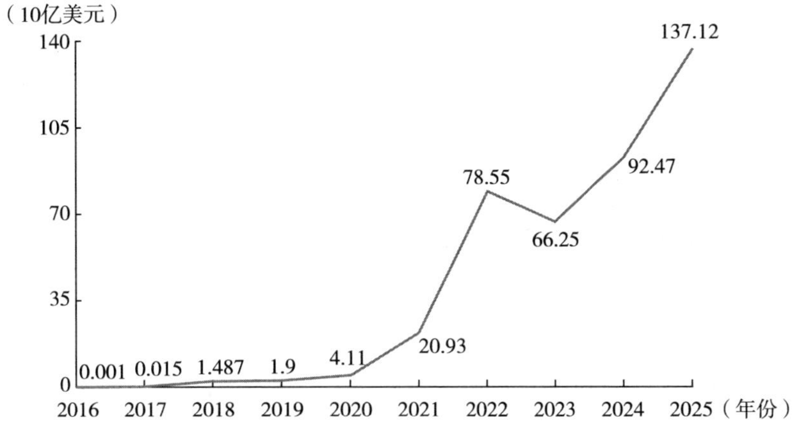

图 3-1　USDT 近 10 年的市值变化

第二节　成长期：链下合规化和链上合约化的探索

2018—2022 年是稳定币的成长期。从 2017 年开始，USDT 保持了近 5 年的快速增长，作为一种法币抵押型稳定币，USDT 抵押资产的透明化成为市场热议的话题。基于合规化的尝试，

① 张卫健 . 稳定币简史：从技术补丁到全球金融秩序的颠覆者［Z］. MetaEra，2025-06-25.

2018 年 9 月 Circle 推出稳定币 USDC，稳定币市场进入“双雄争霸”状态。DAI 构建多资产抵押体系，在 LUNA 崩盘期间通过智能合约清算机制化解超 200 亿美元风险，验证了去中心化抵押模型的韧性。USDC 推行“玻璃箱”策略，每月发布经 BNY Mellon 审计的储备报告（现金占比从 2021 年的 52% 提升至 2023 年的 80%），并借助区块链浏览器实现储备金流向实时追踪。

一、USDT 不透明运营备受争议

在 USDT 繁荣的表象下，不透明运营、不合法使用、不稳定储备导致信任裂缝不断变大。2015 年 Bitfinex 被黑客盗走 1 500 枚 BTC，2016 年又被盗走 12 万枚 BTC，由于 Bitfinex 和 USDT 都是由其母公司 iFinex 管理运营的，所以公众普遍认为 Bitfinex 和 USDT 是兄弟公司。2018 年 Tether 首次披露储备资产，现金占比 74%；2021 年争议事件中现金占比骤降至 2.9%，其余为商业票据和逆回购协议，引发了市场对其偿付能力的质疑。

更危险的是，匿名性使其沦为暗网的“黄金通道”。2016 年暗网黑市平台“丝绸之路 2.0”被查获的 USDT 交易额达 4 200 万美元，占其流通量的 1.2%。2017 年 SEC（美国证券交易委员会）调查显示，至少 12% 的交易所 OTC 交易（场外交易）涉及洗钱，稳定币成了犯罪资金流动的“隐形管道”。2018 年，Crypto Capital（一家为 Bitfinex 等加密资产交易所提供电汇服务的公司）

在波兰、巴拿马和美国因涉嫌洗钱而被扣押8.5亿美元的资金。①2019年，美国司法部指控朝鲜黑客组织Lazarus通过USDT洗钱超过1亿美元，资金隐匿于菲律宾赌场与迪拜虚拟货币交易所之间。2020年，欧洲刑警组织破获ISIS（“伊斯兰国”）利用稳定币募集50万美元的跨境资金案，资金通过“混币器”Tornado Cash完成“洗白—转移—部署”全流程。

此后，Tether和Bitfinex采取了更加谨慎的做法，KYC要求也有所增加，所有用户都必须进行KYC检查。这个阶段给Bitfinex的竞争对手，尤其是Binance提供了机会。Binance提供了出色的交易体验和几乎即时的KYC验证，使业务实现快速增长，并导致Bitfinex逐渐失去了市场份额。

但在应对这些危机时，Tether规模较小且具备灵活的监管能力成为关键因素。因为这家公司设立为英属维尔京群岛实体，并且采用完全去中心化的工作方式——没有实体办公室，Tether能够在不清算的情况下自我管理，并实现三次“重生”。同时，Tether依然保持着互操作性，几乎所有加密资产仍以USDT为交易对。在这一点上，对贾恩卡洛·德瓦西尼等管理层来说，Tether开始变得更加重要。USDT的市场价值在2022年达到了

---

① 这些资金几乎都属于Bitfinex，但Bitfinex却无法访问这些资金。面对赎回危机，Bitfinex从Tether的储备资产中借出7亿美元，并临时修改了Tether的条款，允许进行这笔交易。这个“非关联”贷款是按商业条款进行的（包括支付利息等），让Bitfinex恢复了赎回并继续运营，但这种做法并不符合最佳公司治理实践。2019年，纽约州总检察长利蒂希亚·詹姆斯（Letitia James）起诉Tether和Bitfinex。对它们而言，这是监管机构干预所引发的“濒死反应”，Bitfinex和Tether管理层将所有与美国相关的业务暂停。两年后，这两家公司达成和解，支付了1 850万美元的罚款，但未承认任何不当行为。

830 亿美元。

正因如此，在政策层面，2019 年 6 月，FATF 对 2012 年发布的《FATF 建议》进行了更新，通过在“第十五条建议（新技术）”中新增“释义”的方式，将加密资产（包含稳定币）活动与 VASP 纳入反洗钱与反恐怖融资国际标准。此后又于 2021 年发布《加密资产与加密资产提供商风险基础方法指引》，要求加密资产提供商实施 KYC/AML 审查。但这些监管建议在各个国家的落地实施存在滞后性且程度不一，稳定币、加密资产依然被洗钱等非法活动利用。

二、USDC 推进合规化发行托管

面对 USDT 遭受的不透明、不合规等质疑，2018 年 9 月，美国金融科技公司 Circle 与 Coinbase 联合成立 Centre Consortium，并基于以太坊 ERC–20 协议（以太坊区块链上的一种资产技术标准），按照 1∶1 锚定美元推出了新的美元稳定币 USDC。与 USDT 不同，USDC 的设计初衷是为加密资产市场提供透明、合规、锚定法币的支付结算工具，早期通过 Coinbase 和 Circle 的支付网络逐步扩大影响力。2021 年 3 月，Visa 宣布支持 USDC 作为结算货币，标志其正式进入主流金融支付体系。同年 9 月，USDC 宣布储备资产全面转向现金及短期美债等高流动性法定工具，彻底剥离加密资产抵押模式，强化了“全额法币储备”的可信度。

USDC 构建了以“资产抵押 + 透明审计 + 跨域监管”为核心的合规框架。USDC 由 Circle 发行，同时接受美国财政部下属机构 FinCEN（金融犯罪执法局）及全美 50 个州货币传输许可的监管，严格遵守 KYC/AML 审查规则，并取得欧盟《MiCA 法案》的认证，已覆盖超过 180 多个国家的运营需求。USDC 近年的市值变化见图 3–2。

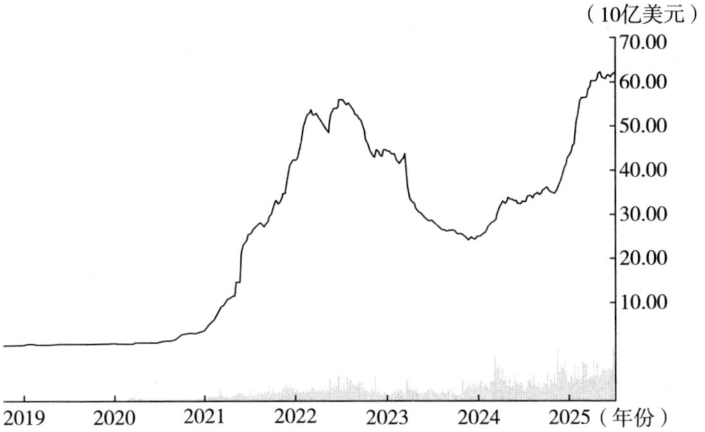

图 3–2　USDC 近年的市值变化

储备金实行 100% 美元抵押，由 BNY Mellon 托管、BlackRock 管理，资产以短期美国国债（占比超过 80%）和现金为主，每月由德勤等四大会计师事务所发布独立审计报告，并向市场公开披露储备资产构成、托管方信息及链上数据，确保 1∶1 锚定的透明度与可验证性。

技术层面支持以太坊、Solana（索拉纳）等 16 条公链的跨链流通，通过 CCTP（跨链传输协议）实现不同链之间的稳定兑换，同时遵守各链智能合约的安全审计标准。

在应用场景中，通过 CPN（Circle 跨境支付网络）深度整合传统银行系统，覆盖跨境支付、DeFi 借贷、机构托管等业务，同时对高风险地址（如涉及制裁地区）实施链上冻结机制，积极配合执法机构调查，全面符合 FATF 反洗钱国际标准。

三、DAI 探索合约化加密资产抵押

针对 USDT 等中心化稳定币始终受中心化机构控制，稳定币的安全由中心化实体保证，且用户的稳定币资金存在被发行人冻结等问题，市场上出现了去中心化稳定币的探索，主要是超额抵押稳定币（典型代表是 DAI）与算法型稳定币。

DAI 的发展始于 2017 年 12 月，MakerDAO 推出了首个版本的 SCD（单抵押 DAI）。在这个阶段，用户只能通过超额抵押 ETH 生成 DAI，初始抵押率设定为 150%。这一阶段的核心是构建一个基于智能合约的去中心化超额抵押借贷机制，为加密资产提供流动性支持。然而，这种单一抵押品的结构使得系统在面对市场波动时抗风险能力较弱。

2019 年 11 月，MakerDAO 对 DAI 进行了重大升级，推出了 MCD（多抵押 DAI）。此次升级新增支持 BAT（协议代币）、USDC、WBTC 等多种加密资产作为抵押品，并引入了 MKR 代币治理机制。通过这一机制，可以动态调整各抵押品的抵押率和债务上限。这一系列改进显著提升了系统的稳定性和资产多样性，推动了 DAI 发行量的快速增长。

2020 年 3 月的一个“黑色星期四”，市场暴跌给 DAI 带来了严峻考验，暴露出系统的脆弱性。为此，MakerDAO 采取了一系列紧急措施，包括引入 USDC 等中心化稳定币作为抵押品，以及推出 DSR（DAI 存款利率）机制。这些举措帮助 DAI 快速恢

复与美元的锚定关系，使其逐渐成为 DeFi 生态中的核心借贷工具。到 2021 年 5 月，DAI 的流通量突破了百亿美元。

2021—2022 年，MakerDAO 开启了现实资产整合的进程。通过 RWA 计划，开始将传统金融资产纳入抵押品体系。一方面，与 Centrifuge 合作支持发票、房地产等实物资产抵押；另一方面，投资美国国债等低风险金融产品。这些举措为 DAI 提供了更稳定的价值支撑，进一步增强了其稳定性。

为了应对协议规模扩大带来的治理挑战，2022—2023 年，MakerDAO 对治理架构进行了优化，推出了 SubDAO（“子 DAO”）模式，将不同业务模块拆分为独立实体。同时建立了投票权委托机制，降低普通用户参与治理的门槛。这些改革推动治理体系向模块化、去中心化方向发展，提升了治理效率。

DAI 已发展成为市值最大的去中心化稳定币，其发展历程体现为在安全性、流动性和去中心化之间不断寻求平衡的持续探索。未来，如何在监管框架下维持稳定币的地位，将是 DAI 面临的关键挑战。

四、AMPL“弹性供给”开启算法型稳定币探索

超额抵押稳定币需要在高波动的加密市场中保持稳定，所以设置了较高的抵押率，但其 1.5 ~ 2 倍的超额抵押率导致资本效率低下，而算法型稳定币是指通过调节代币供给数量调整代币价格，不需要抵押资产，从资本效率的角度就能体现明显优势，并使市场对算法型稳定币充满了期待，但事实上算法型稳定币面临着新的更大的挑战。

2017 年，一个名为 Basis（原名 Basecoin）的项目试图通过一个复杂的三代币系统来维持稳定币的价值，引起了市场的广泛关注，但由于与美国证券法不兼容，该项目最终在 2018 年底被迫关闭。2019 年，Ampleforth 协议提出一种名为“弹性供给”的新模型，该模型不仅调整新代币的发行，还通过调整用户钱包中已有代币的数量来实现价格稳定。与此同时，Terra 也发布了稳定币，其稳定币使用一种包括税收、算法调整和资产抵押在内的复合模型，通过原生代币 LUNA 铸造稳定币 UST。

五、Libra 在争议中黯然离场

2019 年 6 月，Facebook（脸书，后更名为 Meta）主导提出全球性数字货币计划 Libra，其核心目标是构建一套基于区块链技术的“无国界金融基础设施”，为全球范围尤其是传统金融服务覆盖不足的群体，提供低成本、高效率的支付与价值转移服务，推动金融普惠。为实现上述目标，Libra 分别从技术架构、储备机制、治理模式和生态愿景层面进行产品设计。

在技术架构方面，Libra 基于自主研发的区块链（后升级为 Move 编程语言的 Libra 区块链）运行，采用联盟链模式（并非完全去中心化），初期由 Facebook 联合 Visa、万事达卡、Uber 等 28 家机构成立 Libra 协会作为治理主体，后续计划扩展至 100 家成员。区块链设计注重高性能（目标是每秒处理 1 000 笔以上的交易）和可扩展性，支持智能合约，以满足支付、金融产品开发等场景需求。

在储备机制方面，Libra 定位为稳定币，其价值锚定一篮子法定货币（如美元、欧元、英镑、日元等）和短期政府债券，而非单一货币。用户兑换 Libra 时，需要按实时汇率用法定货币购买，这些资金将存入 Libra 协会的储备账户（由托管机构管理），形成储备资产池；反之，用户赎回 Libra 时，协会按当前汇率返还对应法定货币并销毁 Libra。这种设计旨在通过资产储备维持 Libra 币值稳定，避免像比特币等加密资产那样出现大幅价格波动。

在治理模式方面，Libra 协会是核心管理机构，负责制定规则、监督储备资产运作、协调成员合作等。协会成员包括支付机构、科技公司、电商平台等，初始成员需要缴纳 1 000 万美元会员费以获得投票权（每家 1 票），共同决定 Libra 的发展方向。Facebook 虽在早期主导项目，但承诺未来将逐步弱化自身影响力，由协会独立运作。

在生态愿景方面，Libra 计划构建一个覆盖支付、金融服务的生态系统，用户可通过 Libra 进行跨境汇款、线上消费、借贷等操作。例如，商家可接受 Libra 作为支付方式，用户能用 Libra 购买商品或服务；同时，Libra 协会计划与金融机构合作，推出基于 Libra 的储蓄、信贷等金融产品，进一步拓展应用场景。

遗憾的是，即使 Libra 的方案是由互联网巨头 Facebook 提出的，但因其触及各国金融主权，所以引发全球监管机构的强烈抵制。美国国会多次召开听证会质疑其可能会威胁美元地位、助长洗钱和恐怖融资，欧盟担忧其绕过传统金融监管体系，发展中国家害怕其导致资本外流和货币政策失效。最终，多国明确禁止或限制 Libra 落地，使其无法获得必要的合规许可。Libra 在 2020 年更名为 Diem，试图通过聚焦单一美元抵押的稳定币（即 Diem

USD）降低监管阻力，但仍未能获得美国监管机构的批准，项目于 2022 年被出售。

对比 2022 年的 Diem 和 2025 年的美国《天才法案》，二者之间的差异好像只有一个从稳定币到美债的购买通道，如此看来，稳定币涵盖的内容远远超出金融科技产品的范畴，稳定币的背后显然还需要和金融机构、监管机构以及其他利益相关方的深度协调。

第三节　转型期：合规转型打开发展空间

2023 年之后，稳定币迎来转型期。面对持续不断的危机和监管处罚，稳定币行业开始通过合规、透明的管理来消除系统性信任危机。各国（地区）通过相关立法，开启了稳定币的合规转型。

一、稳定币进入合规时代

稳定币监管法案的出台，加速了稳定币市场的合规化进程。自 2022 年下半年开始，主要经济体明显加快了稳定币监管的立法进程。欧盟经过长时间的讨论和修改，在 2023 年 6 月正式发布《MiCA 法案》。2024 年 12 月 30 日，该法案在欧盟 27 个成员国以及 3 个欧洲经济区国家（挪威、冰岛、列支敦士登）全面生效。《MiCA 法案》通过分类监管模式，将稳定币与加密资产划分为 EMT（电子货币代币）、ART（资产参考代币）及 UTs（实用型代币），并明确具体的准入要求和监管框架，解决了欧盟和欧洲经济区国家在稳定币和加密资产监管上的碎片化和监管套利问题。

2023 年 8 月，新加坡金融管理局发布《稳定币监管框架》，明确允许发行与单一货币锚定的稳定币 SCS，锚定货币可以是 SGD（新加坡元），也可以是 G10 国家的货币（美元、澳大利亚元、加拿大元、英镑、欧元、日元、新西兰元、挪威克朗、瑞典克朗、瑞士法郎）。新加坡的监管框架开启了各国（地区）对法币抵押型稳定币的重视，且重点关注稳定币的支付功能。

2024 年 6 月，阿联酋中央银行发布《支付代币服务条例》，明确了“支付代币”（支付稳定币）的定义，并要求将稳定币的发行、转换、保管和转移等“支付代币服务”纳入监管，同时对稳定币的发行人提出明确的准入条件、牌照管理、资本监管等要求。

2025 年 5 月，中国香港通过《稳定币条例草案》，针对稳定币发行和交易提出了系统性的合规要求。发行人必须向中国香港金融管理局申请牌照，最低实缴资本为 2 500 万港元，储备资产需要满足高流动性、隔离管理、按面值赎回等要求，监管要求覆盖香港地区以及境外市场的港元锚定稳定币发行及推广活动。该草案还给出反洗钱、KYC 审查机制及审计披露等方面的合规要求。

特朗普再次就任美国总统后，美国政府对于稳定币和加密资产的政策主线从之前的严格限制转向“支持创新规范发展”，并明显加快了稳定币与加密资产的立法进程。2025 年 7 月，美国通过《天才法案》，比较清晰地展现了美国主导全球稳定币市场发展的战略意图，既要实现美元稳定币主导，也要实现美国发行人主导。在发行主体上，支持美国实体发行支付稳定币，严格限制境外实体发行；在储备管理上，要求稳定币发行人只能将储备资金投向美国的美元计价资产；在牌照审批上，设立联邦和州两级牌照监管机制，鼓励各类稳定币竞争发展；在发展思路上，支持稳定币与传统金融机构融合发展，以强化美元主导地位；在风险防范上，要求发行人和监管部门具备监测风险和冻结资金的技术能力。

与此同时，特朗普家族支持的加密机构 WLFI（World Liberty Financial）推出美元稳定币 USD1，并于 2025 年 4 月 8 日发布治理提案。USD1 由美国短期国债、美元存款和其他现金等价物提供价值保障，确保每一枚 USD1 能随时按照 1∶1 的比例兑回美元。在市场定位和客户选择方面，USD1 主要面向机构投资者及主权基金投资者，旨在加强与传统金融体系的连接；在发行链条和托管机构方面，USD1 通过与主流公链和托管机构合作，更好地满足 ToB（面向企业）市场和金融机构的需求；在监管合规和资产透明方面，USD1 高度重视稳定币牌照申请和审计披露，以此缓解机构客户的风险担忧。仅推出一个月，USD1 的市值规模就超过了 20 亿美元。

二、Circle 上市获市场追捧

2023 年 8 月，Circle 以普通股形式从 Coinbase 收购了 Centre Consortium 剩余的 50% 的股权，Coinbase 获得 Circle 的股权。收购完成后，Centre 成为 Circle 的间接全资子公司，Circle 完全控制了

USDC 的生态系统。2023 年 12 月，Circle 解散了 Centre Consortium，其净资产分配给本公司的另一家全资子公司。2025 年 USDC 发行人 Circle 上市，成为“稳定币”首个 IPO（首次公开发行）。上市后 Circle 的股价从 31 美元飙升至逼近 300 美元，累计涨幅超过 860%，总市值达到 650 亿美元。

相对于 USDT，USDC 是稳定币合规发展的典范（见表 3–1）。Circle 上市后股价的强劲表现，既是市场对稳定币行业整体发展前景的看好，也是对 USDC 业务模式专注于合规创新的认可。

表 3–1　USDT 与 USDC 的业务模式比较

比较维度	USDT	USDC
发行主体	Tether	Circle 与 Coinbase
发行兑换	机构和个人可直接与 Tether 进行兑换	只跟合作伙伴或者交易所、金融机构等 A 类用户进行兑换，个人用户则要通过第三方兑换
监管合规	监管合规性较低，存在争议	持有美国货币服务、货币传输业务牌照
透明度	前期透明度较低，后来每个季度公布审计报告	每周披露储备资产状况，每个月发布经审计的储备资产证明和报告
储备资产	前期不透明，被质疑与自有资金混用，目前已改善	透明度高，且储备资产托管机构在 SEC 注册
区块链网络	在多个区块链网络上发行	主要在以太坊发行，但兼容其他区块链
使用范围	主要用于加密资产的定价交易、跨境支付等	除了加密资产的定价交易、跨境支付，已成为 DeFi 协议的首选，并与多家传统机构开展合作

招股书显示，2022 年、2023 年、2024 年的 Circle 营收分别为 7.72 亿美元、14.5 亿美元、16.76 亿美元，净利润分别为 –7.6 亿美元、2.71 亿美元、1.57 亿美元，其储备资产主要投资于美国

国债和现金，2024 年产生约 16 亿美元的利息收入，在 Circle 总收入中占比 99%。与此相对应，USDT 的发行人 Tether 的利润规模和利润率都远高于 Circle。2023 年，Tether 净利润 62 亿美元，超过资管巨头 BlackRock 的 55 亿美元；2024 年，Tether 净利润高达 137 亿美元，接近高盛的 140 亿美元净利润，但 Tether 的员工仅 165 人，相对于高盛的 4.5 万名员工，人均创利优势明显。

2025 年以后，Circle 进一步加大营销和推广力度。2025 年第一季度，Circle 的分销和交易成本较 2024 年同期增加 1.446 亿美元，增幅 71.3%，主要原因是支付给 Coinbase 的分销成本增加了 1.018 亿美元，以及与新的战略分销伙伴相关的其他分销成本增加了 4 250 万美元。根据 2024 年 11 月 Circle 与 Binance 签订的两年推广合作协议，Binance 在其平台上推广、使用，并在财务储备中持有一定数量的 USDC，Circle 将向 Binance 支付 6 025 万美元的一次性预付费用，并按 Binance 持有的 USDC 余额支付月度激励费。① 此外，Circle 积极推进国家信托银行牌照申请（2025 年 6 月已提交），拟通过设立独立的信托架构（如特拉华州法定信托）实现储备资产与 Circle 公司运营资产的破产隔离——该架构将 USDC 储备资产（短期美国国债、现金等）注入由 BNY Mellon 托管、BlackRock 管理的信托载体，通过 1940 年美国《投资公司法》及特拉华州的信托法规，实现法律层面的风险隔离，确保储备资产独立于 Circle 自有资金，并仅用于履行 USDC 兑付义务。若 Circle 出现破产等极端情况，信托内资产免受债权人追索，直接保障持有人权益。同时，该信托架构与现有

① USDC 持有量超过 15 亿枚时才支付月度激励费，Binance 承诺将持有 30 亿枚 USDC。

月度审计机制（德勤核查储备与链上数据一致性）及跨链技术（CCTP 实现多链兑换）深度协同，既满足美国监管对“完全储备”的合规要求，又通过智能合约接口确保链上操作与链下资产实时映射，形成“法律隔离 + 技术验证”的双重保障。

三、迈向支付基础设施

稳定币的合规化推动不再只是加密市场的“内部结算工具”，而正在成为实体交易和跨境贸易的“支付基础设施”。

2025 年以来，USDT 在阿联酋用于房地产、石油交易支付；新加坡美罗百货商店开始接受稳定币支付，全球连锁零售巨头 SPAR（在全球 48 个国家拥有 13 900 多家门店）在瑞士测试加密资产支付；沃尔玛、亚马逊对外宣布筹备发行稳定币，用于交易支付结算。

与此同时，稳定币与传统金融机构的融合发展快速推进。一方面，支付机构主动推出稳定币支付；另一方面，银行正在尝试推出自己的稳定币，摩根大通将自己的稳定币摩根币升级为区块链支付平台 Kinexys，用于服务金融机构进行跨境支付和外汇结算。美国银行、花旗银行、富国银行等大型商业银行探索发行稳定币。2025 年 5 月区块链平台 Fireblocks 发布调查报告显示，在 295 家传统银行、金融机构及支付服务机构中，90% 的机构已实际应用或计划部署稳定币。

第四章

应用场景向链上、链下双向延伸

稳定币诞生于加密资产交易场景，随着市场对其在支付场景下低成本、高效率和天然跨境优势的逐渐认可，稳定币的使用场景快速向跨境贸易支付、日常交易支付、金融投资结算、员工薪酬支付和防范本币贬值等领域扩展。但现实中稳定币的使用，特别是大额稳定币的使用，仍具有较高的合规成本，比如 IRS（美国国税局）仅支持对 1 万美元以下的支付豁免用户的申报义务，因此稳定币支付功能的比较优势主要体现在跨境、小额场景。

第一节　应用场景：始于三大核心领域

一、交易媒介：去中心化金融基础设施

稳定币作为加密资产的交易媒介，其核心功能在于降低价格波动干扰，提高交易效率及流动性。在加密资产交易所中，稳定

币因与法币 1∶1 锚定，成为 90% 以上交易对的计价基础，投资者可以通过稳定币快速兑换不同的加密资产，避免直接交易时价格剧烈波动导致的损失。例如，比特币与以太坊交易时，若直接兑换，可能因两者短期涨跌差异产生额外成本，而将 USDT 作为中间媒介可规避此风险，交易成本大大降低。再如，2024 年 12 月，稳定币链上交易量增至 1.41 万亿美元新高①，使用户在市场剧烈波动时可将资产快速转换为稳定币避险。截至 2024 年底，稳定币交易对占加密交易量的 80% 左右，绝大部分加密交易是通过稳定币作为计价媒介完成的。② 此外，稳定币通过跨交易所流通（如 Binance、Coinbase 均支持 USDC），打破平台壁垒，从而形成统一的价值尺度。

过往的行情表明，每次稳定币规模的大幅增长都和比特币的上涨行情直接相关。通俗地说，投资者对于币价上涨的预期构成了稳定币规模增长的主要驱动因素。尽管大部分用户并不能实现预期收益，但这类需求是刚性的、不可替代的，对于稳定币规模增长的支撑效果也是最直接的。这种需求受加密资产市场的行情影响，具有不受控和周期性等特点。

二、跨境支付：去中心化的相对成本优势

稳定币在支付时间和成本上具有明显优势。在支付时间上，

---

① 根据 Panews（2025）的数据，2024 年 12 月稳定币链上交易量增加 20.3%，创历史新高，https://news.qq.com/rain/a/20250103A0714W00。

② 参见智链共识（2025），稳定币发展评估分析报告，https://mp.weixin.qq.com/s?__biz=MzAxOTc2Njg5NQ==&mid=2654219290&idx=1&sn=2f9e4a6c4a330aed613290fc6473c511&chksm=811c6cc84d374e94a37856c66cfb427a1e3a8de74479f30401c4e55db35792add7a551afbd75#rd。

现行的银行跨境汇款通常需要长达 5 个工作日才能结算。其中，基于跨境银行间通信系统的支付，大约 30% 的交易需要一天以上的时间才能完成；而基于区块链的跨境支付，100% 的交易都会在 1 小时内完成。在支付成本上，根据世界银行的数据，2024 年第一季度传统模式下跨境汇款的平均成本率为 6.35%，一些地区在 7% 以上（见图 4–1）。但通过 Solana 等高性能区块链发送稳定币，其平均成本约为 0.000 25 美元，Binance Pay（币安推出的稳定币支付协议）等进行跨国转账的费用更低。① 但相对于银行账户支付，目前稳定币跨境支付在支付能力和稳定性方面存在明显短板。②

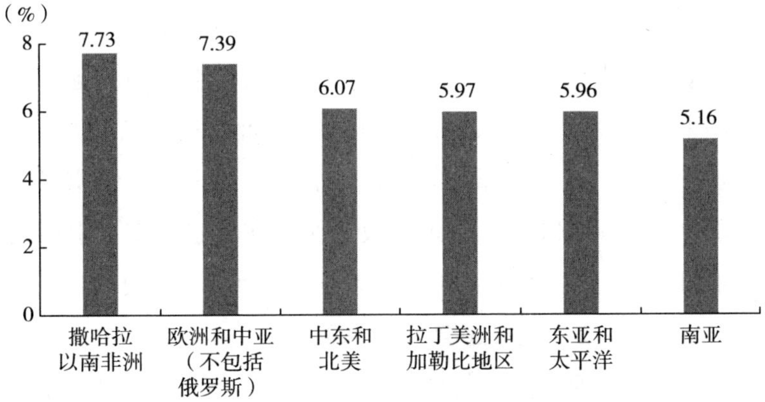

图 4–1　2024 年第一季度全球跨境汇款的平均成本率

注：按跨境汇款 200 美元计算。

资料来源：The World Bank, Binance Research。

---

① 新浪财经（2025），中国支付机构加速海外布局 跨境支付赛道迎来稳定币变量，https://baijiahao.baidu.com/s?id=1834174106004406069&wfr=spider&for=pc。

② 中国电子支付网（2025），沈建光、朱太辉，稳定币发展十年：趋势、应用与前景，https://www.cebnet.com.cn/20250730/102992929.html。

基于以上优势，稳定币在加密资产市场积累了大量用户和应用场景后已向主流支付场景拓展，并实现了较大规模增长。

根据 rwa.xyz 数据，截至 2024 年 12 月 31 日，全球稳定币市值总计约 2 026 亿美元，链上年转账金额约 27.16 万亿美元，持有稳定币的账户共计 1.4 亿个，按照 30 天内转账一次统计的活跃地址数约 2 000 万个。基于以上数据，我们可以对稳定币相关生态做一个粗略的刻画，1.4 亿个帐户，户均资产 1 447 美元，其中约 2 000 万个账户（占比约 14.28%）在 1 个月之内户均转账 11.3 万美元。

与此同时，2024 年全球规模最大的支付机构之一 Visa 处理交易金额约 16 万亿美元，交易笔数约 3 000 亿笔，若按全球 30 亿用户计算，年户均支付金额约 5 333 美元[①]；而另外一家支付机构支付宝年处理交易金额约 145 万亿元人民币，用户基数超 10 亿，年户均支付金额约 14.5 万元人民币[②]。由此可见，稳定币账户规模远小于 Visa 和 Alipay（支付宝海外版），但其年户均交易金额却超过 Visa 和 AliPay，这里有投资交易在稳定币交易中占比较高的原因。从另一个角度来看，随着稳定币账户规模的扩张，稳定币的需求和使用规模还会继续增加。

进一步分析跨境支付场景下稳定币带给用户的预期效用可知，当用户使用稳定币进行跨境支付时，其预期收益主要体现为跨境支付成本的降低，支付效率的提升或许会带来运营成本的下

---

① 移动支付网（2025），Visa：2024 年在 200 个国家的总支付交易量超过 3000 亿笔，https://www.mpaypass.com.cn/news/202503/19101941.html。

② 艾瑞咨询（2024），2024 年中国第三方支付行业研究报告，https://report.iresearch.cn/report/202411/4649.shtml。

降，但同在预期层面，不论哪种成本下降，相对于加密资产的增值收益来说都是微不足道的，所以跨境支付对于稳定币规模增长的支撑作用没有投资需求那么直接，但这种需求依托于稳定币天然的技术优势而存在，并不受市场行情等短期因素的影响。相反，它具有长期性和连续性的特点，构成了稳定币需求的基本盘。

三、货币保值：去中心化的通胀对冲手段

调研显示，稳定币在新兴市场的使用已超越传统加密交易范畴。2024 年，Castle Island Ventures① 和 Brevan Howard Digital② 对 5 个国家的稳定币使用频率及用户行为进行调研，不仅量化了稳定币的普及度，还揭示了其在货币替代、跨境支付及储蓄工具等方面的广泛应用，展现了稳定币在新兴市场的多元化发展趋势。调研结果显示，69%的被调研者使用稳定币进行货币替代，39%的被调研者将稳定币用于支付商品和服务，39%的被调研者使用稳定币进行跨境支付，另有 20%~30% 的被调研者将稳定币用于薪酬支付、开展业务（见图 4–2）。

基于经济学的视角，汇率反映各国货币的相对价格，而一国通胀和汇率之间又存在着一定的联动关系。如在浮动汇率制度下，通胀上升直接导致汇率下降，而在固定汇率制度下，通胀通过其他方式，如黑市交易的盛行、价格双轨制等，变相地反映在汇率上，所

① Castle Island Ventures 是一家专注于公链领域的风险投资机构。

② Brevan Howard 是一家专注于另类资产及加密资产的投资机构，Brevan Howard Digital 是专门负责其加密资产业务的部门。

以说，汇率也是一种商品价格的反映，特别是在跨境支付场景下，通过汇率变动反映的交易成本，可能远远高于转账手续费本身。基于这个视角，稳定币通胀对冲的需求实际上是对跨境支付需求的补充或者强化，可以将二者合并视为跨境支付所需要承担的成本。对于美国之外的用户而言，本国通胀越严重，面临的地缘冲突风险越高，对于美元稳定币或挂钩其他强势货币稳定币的需求则越高，这种需求对于稳定币规模扩张的支撑作用也是直接且不可替代的。

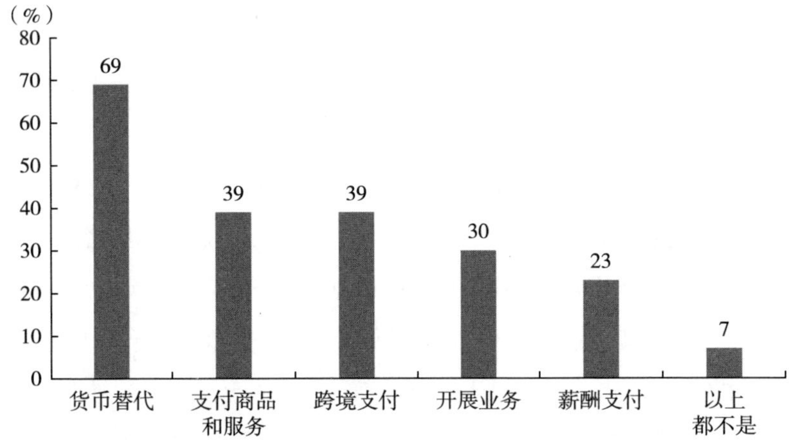

图 4-2　稳定币在主要场景中的使用比例

第二节　发展趋势：链上、链下双向延伸

伴随着链上生态的不断丰富和链上、链下应用的打通，稳定币的使用场景不断拓展。一方面，稳定币作为链上生态重要的金融基础设施，成为 DeFi 的重要基石，并深度嵌入 DEX（去

中心化交易所)、抵押借贷、合成资产以及衍生品交易等细分场景;另一方面,稳定币成为打通加密资产和现实世界不可或缺的桥梁,如美元稳定币在加密资产市场积累大量用户和应用场景后,已经开始向主流支付场景拓展,广泛应用于全球支付和电商交易,充当跨境支付和供应链金融中的价值流通桥梁。此外,RWA 作为加密资产赋能实体经济的典型应用,正在吸引越来越多的传统金融机构加入,并由此对传统金融市场形成基础性的改变,其中,稳定币的作用不可或缺。

一、DeFi:稳定币带动的链上金融模式

DeFi 即去中心化金融,是指通过智能合约构建、无须通过传统金融中介(如银行、交易所)即可实现的自动化和透明化金融服务。一种更加形象的说法是,DeFi 是一种“无中介、广覆盖和自动驾驶”的“乐高金融”。

第一,DeFi 是无中介的金融。

在传统金融世界,你要想接受专业的金融服务,一定离不开专业金融机构的“帮忙”,比如你要想赚取利息,就需要把钱借给银行,银行怎么用钱你管不着,哪怕这些钱本质是属于你的。不论是买理财产品,还是买基金,你都需要先把资金交给银行或者基金公司,然后由金融机构发挥专业中介的作用。

但在 DeFi 世界,你无须委托任何机构或个人,要想赚取利息、投资,你只需要存入不同功能的智能合约就可以了,而且只有你掌握着私钥,随时可以将资产从合约中撤出,不用任何人的批准或者帮助。你不用担心银行或者其他金融机构倒闭,也不用

担心金融机构改变服务条款，所有服务只能按照事先设定的规则进行，资产永远掌控在自己手中。当然，你获得了这种自由，同时也要承担保管资产的风险。

第二，DeFi 是广覆盖的金融。

只要你有一部手机，安装了 Dapp（去中心化应用），你就可以自己开户，享受各种金融服务。你不需要考虑金融机构是否还在营业，也不需要考虑是否已经和这家金融机构签约，只要这个合约能向任何一个客户提供服务，那么它也可以为你提供服务。

从另一个角度来看，低门槛就意味着大容量。理论上每个 DeFi 协议都可以为全球范围的用户提供金融服务，这种可能性对于传统金融体系的冲击是毋庸置疑的。

第三，DeFi 是自动驾驶的金融。

在 DeFi 世界，和你交互的都是智能合约，所有的业务规则都体现在合约代码层面，你不必了解合约由谁编写或由谁执行。不论在世界哪个角落，一旦运行合约，你就可以按照合约的内容接受服务。

而且，DeFi 的业务逻辑完全透明，合约开源之后，代码人人可见，要想改变原有的代码，只需要重新上线合约，或者进行分叉，但分叉需要获得全网的支持，不能仅凭某个人的想法就改变规则。

所以，DeFi 呈现出无中介、广覆盖和自动驾驶的特征，这些特征的背后是一个面向全球用户的、全新的、统一的大市场。这个全新的大市场更像是一个“金融新大陆”，在这个新大陆已经长出前所未有的新物种。这些新物种并不是传统金融模式在链上的简单复制，而是基于技术特点、成本结构、使用习惯以及目标市场等重新进行设计，并通过多次迭代形成的全新的商业模式。

2020 年的夏天被称为“DeFi Summer”，对于 DeFi 来说，这绝对是一个具有历史意义的时间节点。因为 DeFi 在这一年造就了属于自己的第一批“明星项目”，而且这些项目通过相互之间的连接和组合，形成了丰富多元的应用生态。因此，DeFi 又被人们称为“乐高金融”。稳定币项目 MakerDAO 开创了 DeFi 赛道。在 MakerDAO 诞生之前还没有出现 DeFi 的概念，但是因为 MakerDAO 发明了“抵押借贷”，并通过这一模式创造了去中心化的稳定币 DAI，因此它被称为“DeFi 央行”。

去中心化交易协议 Uniswap 是一个只有 11 个成员的团队，在上线两年之后，凭借 AMM（自动做市商），以 493 亿美元的年交易量，一举坐上 2020 年去中心化交易赛道的头把交椅。① 从 Uniswap 开始，DEX 不再只是加密资产交易市场的一个配角，而是成为加密资产交易的主战场。Uniswap 的创新不仅表现在交易份额的提升上，更重要的是表现在商业模式的重塑上。Uniswap 作为去中心化交易所，只要你愿意为该代币的流动性池添加流动性②，任何人不用审核就可以上架 ERC-20 协议进行代币交易。所有用户都可以为任何交易对的流动性池添加流动性，并按照流动性金额占比获得交易手续费的分成。所以，站在加密资产交易所的角度，Uniswap 不是创立了一个新的交易所，而是

---

① 奔跑财经（2020），年度最佳丨Uniswap 未来金融的驱动力，UNI 攀升主流币指日可待，https://baijiahao.baidu.com/s?id=1687510594592054443&wfr=spider&for=pc。

② 将等额的该种代币和稳定币抵押在 DEX 的智能合约中，发挥流动性做市商的作用，即添加流动性。

将交易所的功能进行解构，通过智能合约和“众筹”的方式，将交易所的两个核心功能——定价机制和流动性——开放给所有用户。Uniswap 为每一个流动性提供者提供了成为“加密资产交易所股东”的机会，让他们可以通过提供流动性获利，反过来也给 DEX 带来了巨大的流量。这就是去中心化商业模式的魅力。

抵押借贷项目 Compound 开创性地把资金池的模式运用在抵押借贷领域，虽然放弃了“点对点”的精神诉求，但是以一种更为务实的方式为加密资产创造了一种无风险收益。Compound 采用一种看似“倒退”的方式，第一次使加密资产具有“货币的时间价值”，从而可以为其他 DeFi 产品定价提供参考。当用户需要持有某种加密资产，但又看跌该资产的时候，可通过 Compound 等去中心化借贷协议，将稳定币作为抵押品，同时借出该加密资产，这样不论该加密资产的价格如何下跌，用户只需要将加密资产偿还借贷协议，即可取回原值的稳定币，相较于直接购买并持有加密资产来说，可以避免资产减值损失。

收益聚合器 YFI 把原本不属于金融业务的挖、提、卖变成一类产业，通过流动性挖矿（如 Curve 的稳定币兑换池）和收益聚合，稳定币可实现年化 20% 的收益。[①]Yearn 开创的收益聚合赛道高度依赖智能合约实现，因此被称为“机枪池”，但站在金融的视角来看，这无非就是限定资金用途的基金。

以上模式都离不开稳定币作为基础设施，稳定币是 DeFi 生态最重要的一块基石。

---

① CSDN（2020），YFI：聚合器的可能性，https://blog.csdn.net/weixin_44383880/article/details/107902981。

二、RWA：稳定币带动的资产上链交易模式

RWA 是用代币形式表示的实物资产或金融资产。RWA 的核心业务逻辑是资产代币化，也就是在资产证券化的基础上往前再走一步，用代币作为载体，承载基础资产内涵的各种权益和风险，是 Web3.0 赋能实体经济的重要形态。与资产证券化相比，RWA 一方面在区块链上发行和交易，实现全球 7×24 小时交易，打破地域与时间壁垒；另一方面通过不可篡改的智能合约，自动执行收益分配（如将租金、利息自动打给持币人）、合规审查（如身份验证、反洗钱审核）和账户清算（如抵押资产不足时自动平仓）。此外，一些大额项目或大额资产的 RWA 代币化后（如房地产项目），大大降低了投资的门槛，提高了资产的流动性。

因此，开展 RWA 业务的重要意义在于将区块链作为底层架构，锚定金融资产（也可以包括实物资产）发行代币，使金融产品在降低投资者参与门槛（主要体现为全球投资者参与、自助式开户、7×24 小时交易便利）、提高金融资金周转率（主要体现为不用中介机构参与，清算即结算）和提升自动化运营水平（主要体现为减少第三方机构参与，降低运营风险和运营成本）等方面体现出成本和效率的巨大优势。

以中国香港的 Prince Token 项目为例，香港太极资本集团旗下持牌机构先锋资管设立一只基金，基金定向投资香港太子地段的一座商铺物业，先锋资管基于基金份额发行代币，基金 LP（有限合伙人）既可以持有代币享受租金收益，也可以通过转让代币变现投资。

这是 RWA 最简单的业务模式，当然，RWA 的基础资产也可

以是智算中心、办公楼、产业园，或电影、商业 IP（知识产权）、专利和知识产权，抑或是智能汽车生产线上的一台设备、生命科学实验室里的一套大型仪器等。只要通过物联网对设备和资产进行改造，RWA 就可以扩展到更多的场景和更多的行业，特别是对于轻资产、高成长属性的科创企业来说更加适用。

此外，RWA 还可以将基础资产扩展到内地，通过“内地资产 + 香港资金”，开创金融服务实体经济的新模式。“内地资产 + 香港资金”模式是指内地企业将其持有的实体资产（如新能源设施、商业地产等）收益权，通过香港的合规金融基础设施（如区块链平台和持牌虚拟资产交易平台）转化为可交易的数字代币 RWA，并面向香港及境外投资者募集资金的跨境金融模式。该模式的核心在于以内地资产产生的稳定现金流（如充电服务费、光伏电费收益）作为价值支撑，同时依托香港的国际金融中心地位、离岸人民币资金池及完善的监管框架（如《稳定币条例》），实现资产的代币化发行、跨境流通和全球化交易。该模式在内地已有的政策框架下运行，可以不突破已有的政策要求，具备较大的实操性。“内地资产 + 香港资金”的 RWA 模式业务流程见图 4–3。

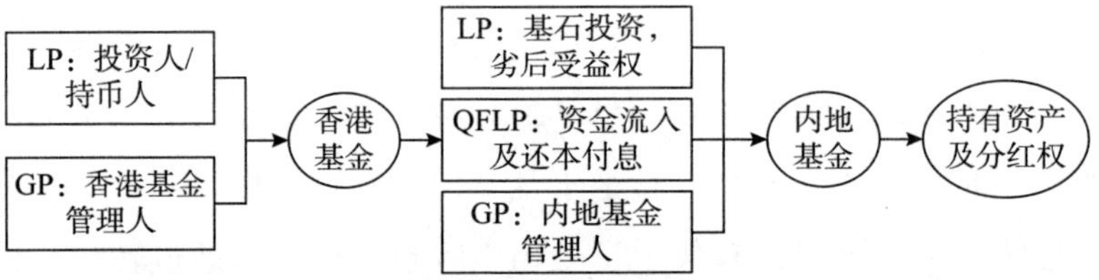

图 4–3　RWA“内地资产 + 香港资金”模式的业务流程

三、Web3.0 支付：加密市场与实体经济的发展融合

凭借与法币挂钩、价格相对稳定等特性，稳定币在全球支付市场的应用日益广泛，已成为加密市场与全球经济融合的重要支点。

一方面，在跨境支付中，稳定币支付成本和支付效率优势显著，USDT 等稳定币已用于替代传统电汇。

墨西哥 2023 年接收的美元稳定币高达 633 亿美元，已成为全球最大的美元稳定币汇款接收国。①

在非洲，由于传统金融体系存在基础设施薄弱、货币波动大、跨境支付成本高等问题，稳定币成为人们对抗本地货币通胀、实现低成本跨境汇款的重要工具：Visa 与 Yellow Card（一家专注于非洲市场的加密资产交易平台）合作，将稳定币支付服务引入非洲并促成大量交易；肯尼亚 M–Pesa 支持多种加密资产交易，使大量未银行化人群获得金融服务。②

在东南亚，新加坡超级应用 Grab（一家网约车和送餐平台）允许用户使用包括 XSGD 在内的加密资产充值数字钱包，提高了稳定币在日常交易中的实用性。数字支付提供商 dtcpay 与 Primer 合作，简化法定货币和稳定币之间的交易，为东南亚等地提供更便捷、更低成本的稳定币支付方式，满足这些地区对稳定

---

① 贝哲斯咨询 Market Monitor（2025），2400 亿美元狂飙！稳定币如何“吞下”全球 1% 美元供应？ https://mp.weixin.qq.com/s?__biz=Mzg5ODE3MTYyNg==&mid=2247496362&idx=1&sn=4e005fd3f5debee0af59c2805625562f&chksm=c126b0df14f7ff388a752be1393c040374276ca942b244f6004cba6bf7f8d57369192d4312b7#rd。

② Kun Global（2025），Web3 支付万字研报：2025 年，稳定币在非洲，https://mp.weixin.qq.com/s?__biz=Mzk5MDY3MDA4Mg==&mid=2247483799&idx=2&sn=8a9c62e18578ca3622cebd0be3cb5dbf&chksm=c45a9d91e2ac479b7667bf3b66030497cb5a80fee6dc2866757b9fa315442ae65b32ed4a2c3d#rd。

币支付方式日益增长的需求。[①]

此外，稳定币支付大量应用于跨境电商和供应链等特定场景下的支付。跨境电商服务平台 Shopify 借助 Coinbase 的 Base（一个区块链网络）引入 USDC 稳定币支付，使 34 个国家的商户能在链上接收 USDC，实现本地货币结算，不仅无外汇手续费，还能获得返还的现金。[②]

在供应链金融领域，稳定币可以突破传统供应链金融核心企业信用传递的局限，实现信用多级流转，核心企业可用稳定币向上游供应商支付货款，供应商收到后可继续支付或融资。例如，JD–HKD（京东稳定币）与京东全球供应链整合，为跨境贸易提供低成本、高效率的支付，手续费低至 0.1%，达到秒级结算，在香港沙盒测试中，它可以将大湾区供应链的结算时间从 3 天缩短至 10 分钟。[③]

---

① 移动支付网（2025），dtcpay 与 Primer 合作，拓展东南亚地区稳定币支付渠道，https://www.mpaypass.com.cn/news/202501/20165828.html。

② 移动支付网（2025），跨境电商平台 Shopify 与 Coinbase、Stripe 合作，让商户支持 USDC 稳定币支付，https://www.mpaypass.com.cn/news/202506/13104436.html。

③ 新浪财经（2025），京东破局跨境支付！刘强东力推稳定币，全球支付成本或降 90%? https://baijiahao.baidu.com/s?id=1835980445000815318&wfr=spider&for=pc。

第五章

产业链覆盖公链、资产和合规全链条

稳定币的应用既不是一个单纯的技术问题，也不是一个独立的业务环节，而是一个从技术到商业再到合规以及多方配合的产业链。稳定币产业链的基本架构见图 5-1。

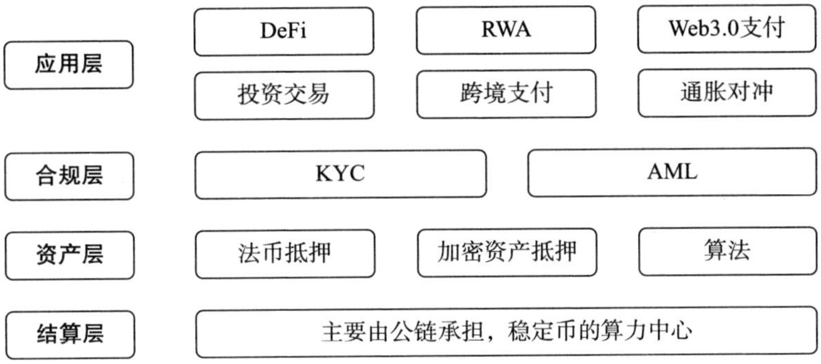

图 5-1 稳定币产业链的基本架构

第一节　结算层：稳定币的算力中心

稳定币结算层主要由高性能公链承担，发挥算力中心的作用，是稳定币技术属性的基础。

稳定币对公链的技术要求主要包括：高性能与低延迟［如高TPS（每秒处理交易数量）和快速出块］、低交易成本［低Gas（“燃料”）费适配小额高频交易］、跨链互操作性（支持多链资产互通）、智能合约兼容性（支持自动化执行抵押、清算等逻辑）、隐私与安全性（通过零知识证明等技术，保障交易隐私及资产安全），以及可扩展性与模块化设计（支持Layer–2扩容和多链架构，以适应生态发展）。此外，公链的生态活跃程度（包括资金和人才）也是影响稳定币应用发展的重要因素。

一、存量结构上以太坊独占六成

根据区块链监测平台rwa.xyz的数据，截至2024年12月31日，17条公链稳定币市值达2 026.07亿美元。[①] 其中，以太坊链

① 该监测平台只提供完整年度的转账金额数据，故此处采用2024年完整年度数据进行分析。截至2025年6月30日，17条公链的稳定币市值为2 423.20亿美元。其中，以太坊链上稳定币市值为1 307.74亿美元（占比约53.97%），TRON链上稳定币市值为791.19亿美元（占比约32.65%），Solana链上稳定币市值为95.67亿美元（占比约3.95%），主要结构特点与2024年12月31日的类似。

上稳定币市值为 1 190.08 亿美元，占比约 58.74%（进入 2025 年以后，以太坊的占比有所下降）；TRON 链上稳定币市值为 589.78 亿美元，占比约 29.11%；Arbitrum 链上稳定币市值为 58.47 亿美元，占比约 2.89%；BSC 链上稳定币市值为 52.44 亿美元，占比约 2.59%；Solana 链上稳定币市值为 47.40 亿美元，占比约 2.34%；Base 链上稳定币市值为 34.93 亿美元，占比约 1.72%；Aptos、NEAR、Polygon、Optimism、Celo、Stellar、Plume、XRP Ledger、ZKsync Era 等其余公链稳定币市值的占比均低于 1%。主要公链的稳定币市值在全部稳定币市值中的占比见图 5–2。

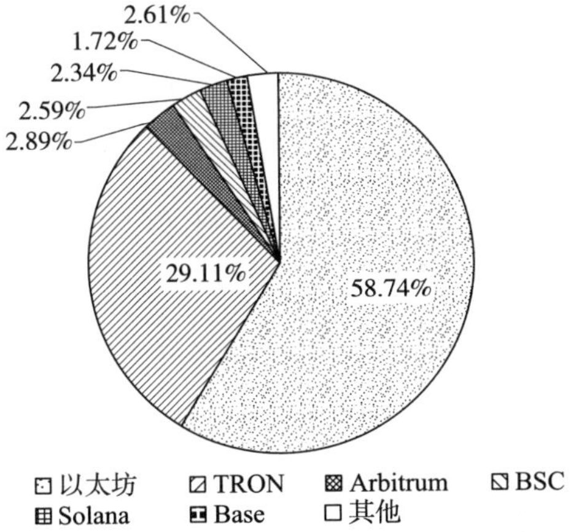

图 5–2　主要公链的稳定币市值占比概况（截至 2024 年底）

二、流量结构上 Solana 后来居上

稳定币市值反映资产存量情况，转账金额则反映稳定币的流量情况。2024 年全年，17 条公链稳定币转账金额合计约 27.16 万亿美元，其中，Solana 链上稳定币转账金额约 11.38 万亿美

元，占比约 41.88%；以太坊链上稳定币转账金额约 8.38 万亿美元，占比约 30.87%；TRON 链上稳定币转账金额约 5.32 万亿美元，占比约 19.58%；BSC 链上稳定币转账金额约 0.83 万亿美元，占比约 3.05%；Arbitrum 链上稳定币市值约 0.68 万亿美元，占比约 2.5%；Base、Avalanche、Aptos、NEAR、Polygon、Optimism、Celo、Stellar、ZKsync Era 等其余公链的稳定币转账金额占比均低于 1%。

三、活跃账户数 TRON 领先

截至 2024 年 12 月 31 日，17 条公链按照 30 日内至少转账一次即定义为活跃账户数为 2 001.86 万个，其中，TRON 链上稳定币活跃账户数为 646.97 万个，占比 32.32%；BSC 链上稳定币活跃账户数为 639.87 万个，占比 31.96%；Solana 链上稳定币活跃账户数为 195.57 万个，占比 9.77%；以太坊链上稳定币活跃账户数为 170.30 万个，占比 8.51%；Polygon 链上稳定币活跃账户数为 97.98 万个，占比 4.89%；Arbitrum 链上稳定币活跃账户数为 84.31 万个，占比 4.21%；Aptos 链上稳定币活跃账户数为 67.93 万个，占比 3.39%；Celo 链上稳定币活跃账户数为 46.84 万个，占比 2.34%；Optimism 链上稳定币活跃账户数为 25.72 万个，占比 1.28%；Base、Avalanche、NEAR、Stellar、ZKsync Era 等其余公链的稳定币活跃账户数占比均低于 1%。其中，主要公链及 Celo 稳定币的相关指标见表 5–1。

表 5-1　2024 年主要公链及 Celo 稳定币的相关指标

公链	市值（2024 年 12 月 31 日）（美元）	市值占比（%）	转账金额（美元）	转账占比（%）	周转率（%）	周转天数（天）	活跃账户（个）	账户占比（%）	年户均转账（美元）	日户均转账（美元）
Arbitrum	5 847 104 502	2.89	678 537 404 981	2.50	116.05	3.15	843 063	4.21	804 848	2 205
BSC	5 244 219 188	2.59	829 123 740 419	3.05	158.10	2.31	6 398 724	31.96	129 576	355
Ethereum	119 008 785 205	58.74	8 384 743 481 992	30.87	70.45	5.18	1 702 960	8.51	4 923 629	13 489
Solana	4 740 480 120	2.34	11 375 521 026 490	41.88	2 399.66	0.15	1 955 725	9.77	5 816 524	15 936
TRON	58 978 254 091	29.11	5 319 134 197 634	19.58	90.19	4.05	6 469 688	32.32	822 162	2 252
Celo	240 613 390	0.00118758620894395	12 245 407 224	0.000450801410599582	50.89	7.17	468 441	2.34	26 141	72

四、公链发展呈现三足鼎立格局

综上，尽管已有 17 条公链部署了稳定币，但稳定币的市场集中度非常高，如果把市值占比和转账金额占比低于 1% 的公链去掉，那么链上稳定币实际主要分布在以太坊、TRON、Solana、BSC 和 Arbitrum 这 5 条公链上，它们的稳定币市值占比达到 95.67%，转账金额占比达到 97.88%，活跃账户占比达到 86.77%。

由于上述 5 条公链在核心技术以及生态建设等方面的侧重有所不同，每条公链稳定币的使用场景也存在显著差异。

从稳定币资产存量规模来看，以太坊是目前市场公认的诞生最早[①]、安全性最高[②]，同时生态最完善的一条公链，所以以太坊对于稳定币发挥价值存储的作用，以太坊稳定币资产存量规模在全部稳定币资产中占比近 60%[③]。但由于以太坊的转账成本相比其他公链（包括 TRON、Solana、BSC 和 Arbitrum 等）更高，所以以太坊的转账金额和活跃账户数并没有明显优势，也可以说，以太坊稳定币的转账金额和活跃账户数及其资产沉淀规模不相匹配。但造成这种不匹配的核心原因，其实是稳定币用户基于不同的需求，针对公链不同的技术特点而做出的理想选择。

稳定币市值排名第二的 TRON，诞生时间晚于以太坊，但又

① 比特币比以太坊诞生更早，但比特币不支持智能合约，也无法支持稳定币。

② 根据区块链浏览器 Etherscan 的搜索结果以及行业报告，截至 2025 年 5 月，以太坊全网活跃节点数约为 3 815 个。其中，中国的节点占比约 15%（约 572 个）。节点越多，去中心化程度就越高，网络安全性也越高。

③ Arbitrum 属于以太坊二层协议，Arbitrum 链上稳定币实际也是以太坊的一个分支。

早于其他三条公链，所以凭借较低的转账成本、较高的转账效率、准确的定位和迅速的行动，在转账场景中发挥了以太坊“平替”的作用，TRON 链上稳定币资产存量规模在全部稳定币资产中占比达到 29.11%，月活跃账户数也达到 646.97 万个，在全部稳定币月活跃账户数中占比达到 32.32%，不仅远高于以太坊（占比 8.51%），甚至是 Solana（占比 9.77%）的 3.3 倍。

从稳定币资产流量规模来看，2024 年全年 Solana 链上稳定币转账金额达到 11.38 万亿美元，在全部稳定币转账规模中占比 41.88%，不仅超过以太坊（占比 30.87%），也远超 TRON（占比 19.58%）。Solana 凭借极快的交易处理速度和极低的成本，成为全球资金高效流动的理想选择；其技术优势正吸引越来越多的稳定币布局于此，持续创造显著的经济价值，并展现出强大的商业平台潜力。该平台的设计注重用户体验，操作简便，助力更多人便捷进入加密货币领域。同时，Solana 的技术特性完美契合支付场景的需求——不仅支持高并发交易速度，更通过保障交易的最终确定性与安全性，为支付业务提供了可靠的技术底座。

在技术性能方面，Solana 的高吞吐量（理论峰值 65 000 TPS）和低交易成本（约 0.000 25 美元 / 笔）的优势明显。[①] 在生态方面，首先，Solana 善于营造热点应用，2024 年 Meme 币[②] 热潮期间，Solana 周收入一度达到 5 530 万美元，是同期以太

① Stable coin insider（2025）,Why Solana Is Becoming the #1 Chain for Stablecoin Transfers, https://stablecoininsider.com/solana-for-stablecoins/.

② Meme 币通常被称为“表情包币”或者“迷因币”，是一种以人物、动物、艺术品或其他物品命名的加密资产，旨在幽默、轻松并承诺一个有趣的社区来吸引用户。与比特币和以太坊等加密资产不同，它们没有任何严肃的财务或技术用途。

坊的 10 倍以上，并推动 Solana 链上交易量占 EVM 总和的 52%，DEX 交易量多次超越以太坊[①]。其次，Solana 积极拓展外部合作，如联合 BlackRock、Jump Trading 等机构推动合规化进程，2025 年机构级钱包持有量超 40 万枚 SOL。[②] 最后，Solana 链上生态的丰富和外部应用的拓展，推动其链上稳定币转账规模大幅超越以太坊等其他公链，如 Solana 推出 Solana Pay、与 Visa 合作并被 Shopify 等平台集成。此外，结合 Solana 链上稳定币资产存量规模比较有限的事实，我们可以简单地判断，稳定币在 Solana 生态中更多发挥的是交易媒介的功能，Solana 成为稳定币用户获取其他加密资产的通道。

2024 年，尽管以太坊和 TRON 链上稳定币转账规模低于 Solana，但转账规模仍分别达到 8.38 万亿和 5.32 万亿美元。以太坊和 TRON 链上生态的繁荣也是支撑稳定币实现较大规模转账交易的主要原因。

以太坊生态仍是目前全球最大、最活跃的区块链应用平台，以智能合约为核心构建了涵盖 DeFi、NFT（非同质化代币）、数字身份和供应链金融等多元领域的生态系统。尽管面临来自 Solana 等新型公链的挑战，但以太坊 2.0 升级（如分片技术）和账户抽象（ERC-4337）等创新技术正推动其向“全球结算层”进化。

TRON 则通过动态分片网络与 DPoS（权益授权证明共识机制）的协同优化，构建了面向高频支付场景的基础设施，其单链

---

① 深潮 TechFlow（2024），从 Coinlist 到公链明星：数读 Solana 的崛起，https://www.528btc.com/news/116257319.html。

② Today news（2025），https://news.todayq.com/sol-strategies-plans-nasdaq-entry-owns-420k-sol-tokens/.

处理能力提升至每秒 5 000 多笔交易，交易确认时间缩短至 2 秒以内，单笔 Gas 费控制在 0.001 美元量级。该网络深度聚焦跨境电商结算与链游经济两大场景，依托 TRC20–USDT 日均处理小额高频支付交易超 1 800 万笔，覆盖东南亚 P2P 汇款、游戏内资产流转等真实需求。在合规层面，TRON 不仅获得欧盟《MiCA 法案》框架下的反洗钱认证，更与 Tether、TRM Labs 联合成立了 T3 FCU，通过链上行为分析系统追踪异常交易，2024 年累计冻结非法资金 1.6 亿美元，形成“技术性能 + 监管适配”的双重护城河。①

所以说，以太坊的安全性、TRON 的功能定位以及 Solana 的生态运营定义了稳定币公链生态格局。

五、支付公链 Celo 打开新视野

虽然不论是基于存量规模还是基于流量规模，Celo 链上稳定币在全部稳定币生态中占比均未超过 1%，但 Celo 定位于“全球普惠结算层”，其主要应用即稳定币支付。基于 Celo，我们可以看到一个主要用于日常支付场景的稳定币的基本情况。

Celo 基于“移动端友好设计 + 高频支付场景 + 合规框架”三重创新，构建区别于传统金融公链的“移动端普惠金融区块链平台”。Celo 原创将电话号码映射为区块链地址技术，用户无须记忆复杂助记词，即可直接用电话号码发送稳定币，极大地降低

① 搜狐网（2025），孙宇晨推动全球结算愿景，波场 TRON 稳居 USDT 发行龙头地位，https://roll.sohu.com/a/903520209_121952532。

了使用门槛。

Celo 利用 BFT（拜占庭容错算法）与 PoS，在保证网络安全性的同时实现 5 秒出块速度，交易确认时间压缩至 2 秒以内，交易费用低至 0.01 美元，单链处理能力达到每秒 5 000 多笔交易。Celo 重点布局发展中国家的市场，如非洲汇款、东南亚电商等高频小额支付场景，其 Valora 钱包用户突破 3 000 万，日均完成小额支付交易超 800 万笔。[①]

从运营数据来看，2024 年 12 月 31 日，Celo 链上稳定币资产存量约 2.4 亿美元，2024 年全年链上转账规模约 120 亿美元，稳定币平均周转天数约 50.89 天[②]，这一数据不仅远远高于 Solana（0.15 天）、以太坊（5.18 天）和 TRON（4.05 天）链上稳定币的周转天数，也高于 17 条公链中的其他公链。此外，Celo 稳定币月活跃账户数为 46.84 万个，户均月转账金额为 2 178 美元，这一数据不仅远低于 Solana（48.47 万美元）、以太坊（41.03 万美元）和 TRON（6.85 万美元），也低于 17 条公链中的其他公链，但相对于世界人均年名义消费水平 8 410 美元（2021 年世界银行数据）已经非常高了。由此可见，Celo 稳定币主要用于转账支付场景，而非投资交易场景，故其周转效率远低于其他公链稳定币，转账金额也远低于其他公链稳定币。同时还可以看出，在当前环境下，稳定币的支付功能主要还是由较高收入人群使用，

---

① Swiftevo（2025），Celo Public Goods, https://mp.weixin.qq.com/s?__biz=Mzg2NjU5MzU4NA==&mid=2247486420&idx=1&sn=5ca3efe11ccd0707b33034848d622462&chksm=cf0a9ab16768f99cf66a1ca8e70c17424bdc62d886928405b9f31368d46ccb78ce78b5fcda22#rd.

② 相关数据来自 www.rwa.xyz。

未来扩展空间巨大。

基于 Celo 的数据，也可以对现有的稳定币市场进一步细分。2024 年末，17 条公链稳定币资产存量规模为 2 026.07 亿美元，全年链上转账规模为 27.16 万亿美元，活跃账户数约 2 000 万个，以上数据均覆盖加密资产投资和转账支付两个场景。由于 Celo 专注于小额日常支付场景，所以我们假设 2 000 万活跃账户的支付场景的数据和 Celo 一样，即每个账户每月用于支付的转账金额为 2 178 美元，则 2 000 万活跃账户全年用于支付的转账金额约为 5 227 亿美元，尽管这种估算仅仅考虑了 ToC（面向消费者）场景的小额日常支付，而没有考虑 ToB 场景的大额支付，但从数量级上也可以粗略估算当前稳定币的主要使用场景在于加密资产投资，而非转账支付。

第二节 资产层：稳定币的“储备金库”

资产层的主要功能是为稳定币价格提供锚定，确保稳定币的价格 1∶1 锚定法定货币，特别是保障用户随时将稳定币兑回法币，抵押加密资产时能够确保其资产不受损失。根据发行机制的不同，稳定币可划分为法币抵押型稳定币、加密资产抵押型稳定币和算法型稳定币，稳定币发行机制的不同导致其资产层主要机制的不同。

一、法币抵押型稳定币：监管立规

法币抵押型稳定币已经被各国（地区）监管机构优先承认法律地位，并出台相关法律法规对其抵押资产相关的管理运营进行指引和规范。

（一）美国《天才法案》

2025 年 2 月 4 日，美国《天才法案》提交参议院审议，该法案的目的是在美国建立支付稳定币的全面法律和监管框架。2025 年 5 月 20 日，美国参议院以 66 票赞成、32 票反对的结果通过了该法案的 Cloture 动议（用于结束辩论并推进投票），意味着该法案将跳过美国国会的冗长辩论，进入参议院的最终表决阶段。在通过美国参议院表决后，法案会进入美国众议院再次表决，最后于 2025 年 7 月 18 日由美国总统签署成为联邦法律。

（二）中国香港《稳定币条例》

2024 年 12 月，中国香港特别行政区立法会刊登《稳定币条例草案》并一读通过；2025 年 5 月 21 日，二读及三读正式通过（2025 年 8 月 1 日正式实施），标志着中国香港在全球加密资产监管领域迈出了划时代的步伐。紧随其后，香港金管局于 7 月 29 日同时发布《持牌稳定币发行人监管指引》《打击洗钱及恐怖分子资金筹集指引（持牌稳定币发行人适用）》，为稳定币发行人提供详细的监管指引。

（三）储备资产核心要求和管理机制

美国《天才法案》和中国香港《稳定币条例》从许可与发行主体、储备资产要求、赎回与优先兑付、运营限制、反洗钱与冻结义务以及境外发行人限制等 6 个方面，对稳定币的运营规则进行规范。二者关于储备资产的核心要求和管理机制的相关内容见表 5–2 和表 5–3。

表 5–2 美国《天才法案》和中国香港《稳定币条例》对储备资产的核心要求

	美国《天才法案》	中国香港《稳定币条例》
资产类型	仅限美元现金、受保银行存款、短期美债（≤90 天）、国债回购协议、央行准备金等美元资产	允许多元化配置（现金、港元存款、国债等），但需要符合香港金管局认可的“高流动性安全资产”的标准
储备比例	1∶1 全额覆盖，禁止再质押或挪用	1∶1 等值储备，允许短期流动性管理（如国债回购），但需要确保即时赎回能力
资产隔离	客户资产与运营资金严格分离，禁止混用	客户资产须独立托管，与发行人自有资产隔离
禁止行为	禁止收益型稳定币，不得向持有人支付利息	未明确禁止收益，但要求按面值赎回

表 5–3 美国《天才法案》和中国香港《稳定币条例》对储备资产的管理机制

美国《天才法案》	
披露与审计	月度披露：发行人需要公开储备资产构成及市值，由 CEO 或 CFO 签署认证 年度审计：流通量超 500 亿美元的发行人需要提交经审计的年度财报 实时监控：储备资产需要由第三方机构（如 BitGo）托管，并接入区块链追踪系统
破产保护	储备资产被列为信托财产，稳定币持有人在破产清算中享有第一顺位受偿权，优先于其他债权人
境外发行人限制	三年过渡期后，未获美国许可的境外稳定币不得在美国流通，美国财政部可发布“不合规清单”

续表

中国香港《稳定币条例》	
动态储备管理	允许短期质押（如 7 天国债回购）获取流动性，但在赎回储备资产时需要按市值法估值，每月向香港金管局提交报告，先使用自有资金
赎回机制	持有人可随时按面值赎回，发行人需要在合理时间（通常≤5 个工作日）内处理请求。若市场波动导致储备不足，需要启动应急流动性安排（如向合作银行借款）
技术合规	需要内置智能合约接口，支持监管机构冻结可疑交易或调整储备配置

二、加密资产抵押型稳定币：市场约束

尽管加密资产抵押型稳定币并没有在任何法律体系中获得承认，但它确实存在于市场之中，并被大量用户使用，而且其“抵押借贷”机制已经成功经受了几次较大的市场考验并得以生存下来。

抵押借贷模式发挥一种类似杠杆交易的作用。对于抵押资产和借出资产来说，用户往往是在看多抵押资产的同时看空借出资产，所以用户会将借出资产进行转让或者支付。一段时间之后，如果借出资产价格下跌，那么用户可以再次买回借出资产，偿还抵押协议后获得抵押资产。经过这样一系列操作，用户依然持有抵押资产，并始终拥有抵押资产升值的机会，同时也能赚取借出资产价格下跌产生的价差。

加密资产抵押型稳定币就是基于以上“抵押借贷”模式（如抵押 ETH）借出稳定币（如 DAI）的。由于作为抵押物的加密资产价格波动较大，所以要求进行超额抵押，即每发行 1 元稳定币，就需要抵押超过 1 元的加密资产。

MakerDAO 开了链上抵押借贷模式的先河[①]，可以让任何人有机会利用 ETH 或协议支持的其他资产生成 DAI。DAI 是一种去中心化、通过智能合约锚定 1 美元的稳定币，当 DAI 被创造出来后，它可以像其他加密资产一样被自由地发送给其他人，或者作为商品和服务的支付手段。无论何时，抵押生成 DAI 的抵押品价值对外界都是可验证的。下文以 MakerDAO 为例，说明加密资产抵押型稳定币的基本运行机制。[②]

（一）基本模式

MakerDAO 的核心目标在于保持 DAI 挂钩 1 美元，方法在于用户只有抵押加密资产（如 ETH）才能借出 DAI。为了实现这一目标，MakerDAO 通过 CDP（抵押债仓）、自动化反馈机制和适当的外部激励手段支撑并稳定 DAI 的价格，同时推出 MKR（MakerDAO 协议代币）发挥价值兜底功能（见图 5-3）。

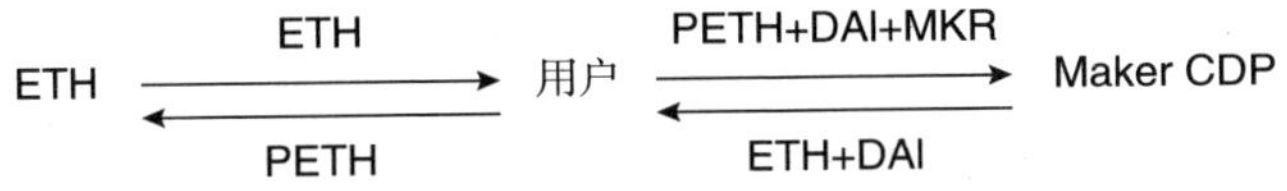

图 5-3　MakerDAO 超额抵押借贷基本流程

① MakerDAO 在 2024 年 8 月 27 日更名为 Sky Protocol。

② 王岳华，郭大治，达鸿飞 . 读懂 Web3.0［M］. 北京：中信出版社，2022.

（二）核心机制

1. 抵押债仓机制

任何人都可以在 MakerDAO 平台上抵押指定的加密资产（如 ETH）并生成 DAI，CDP 就是用来保存和管理抵押资产的合约，用户偿还 DAI 后可以拿回抵押资产。对于 MakerDAO 来说，DAI 就是其对外负债，但 MakerDAO 凭借保存于 CDP 中的抵押资产保持对外偿还债务的能力。所以 CDP 都是超额抵押，这也就意味着通常情况下，抵押物的价值总是高于债务价值。当抵押资产市场价格出现剧烈波动并逐渐接近债务价值时，MakerDAO 需要主动采取清算措施减少债务规模，以确保在债务价值高于抵押资产价值之前，将所有的债务进行回收。这一标准成为决定 MakerDAO 生存的基准，一旦出现价值倒挂，就意味着市场流通的 DAI 的价值会低于 1 美元，这将导致 MakerDAO 的整体性清盘。

抵押债仓的工作原理和传统商业银行房产抵押贷款的原理相通，只不过抵押物变成了特定的加密资产（如 ETH），对外发放的贷款变成了链上稳定币。由于抵押物和稳定币都是链上资产，整个抵押和清算的流程都可以在链上通过智能合约自动执行。

抵押债仓的风险状况由其风险参数决定，这些参数是由 MKR 的持有者投票决定的，主要风险参数包括以下两点。

一是债务上限，指单一资产的 CDP 能够创造债务的最大值。一旦债务达到上限，将无法基于该项抵押物创造新的 DAI，除非现有的 CDP 被赎回。债务上限用于确保抵押资产组合足够多样化。

二是清算比率，指 CDP 遭到清算时抵押与债务的比率。较低的清算比率适应于价格波动较低的抵押资产，较高的清算比率则适应于价格波动较高的抵押资产。

2. 超额抵押机制

用户抵押价值 100 美元的 ETH，只能拿到价值约 70 美元的 DAI，这相当于给清算设置一个缓冲区。系统规定在 ETH 价值跌到 80 美元时，需要抵押更多的 ETH 或者进行清算；如果用户没有及时补充仓位，就需要缴纳一笔罚款；如果 ETH 价值跌破 70 美元，就会引发全局清算，抵押债仓的操作和创建将被禁止，DAI 的持有者将会得到清算后的资产净值。

3. 价格调节机制

目标价格变化率机制是一个反向反馈循环，DAI 的市场价格相对目标价格发生偏离的时候，就会促使市场产生相反的力量，使 DAI 的市场价格趋于目标价格，减轻 DAI 的价格波动性，并在需求冲击的时候提供流动性。MakerDAO 的价格调节机制包括目标价格变化率和敏感度参数两项内容，两项机制同时运行，以实现 DAI 锚定目标价格的总体目标。

4. MKR 兜底

如果抵押物的价格短时间内暴跌至低于清算比率，导致抵押资产无法支撑 DAI 的流通价值，系统就会没收抵押资产并进行拍卖，以偿还之前借出的 DAI。在这种情况下，抵押资产清算往往不足以偿还市场中流通的 DAI，哪怕市场中 DAI 的价格显著低于 1 美元，这时候系统开始增发 MKR，并出售 MKR 以回购 DAI，MKR 持有者就会成为系统负债最后的兜底者。

同时，MKR 也是 MakerDAO 社区治理的参与凭证，MKR 持有者可以投票表决增加新的抵押债仓种类、修改已有抵押债仓种类、修改敏感参数、修改目标价变化率、选择可信任的 Oracles（预言机）、调整喂价敏感度（此举决定喂价在多大程度上能够影响系统的内部价格），以及选择全局清算者等事项。

5. 全局清算

全局清算是保证 DAI 持有者目标价格可兑付的最后手段，即通过全局清算使 DAI 和 CDP 持有者收到应得可兑回的资产净值。MKR 持有者管理这一系统，并确保只有在严重紧急状况下才会启用，比如长时间的市场非理性、系统安全受到攻击或者系统升级等。

（三）生态参与者

一是 Keepers（看护者）。Keepers 在 CDP 清算的时候参与债务拍卖和抵押资产拍卖，还会围绕目标价格交易 DAI，即当市场价格高于目标价格的时候，Keepers 将出售 DAI；当市场价格低于目标价格的时候，Keepers 将买入 DAI，从而实现市场价格趋同目标价格并且获利的双重目标。

二是 Oracles（预言机，将链下信息写入区块链，完成区块链与现实世界的数据互通）。Maker 平台需要抵押资产的实时价格信息，以决定何时触动清算；也需要 DAI 的市场价格，以在其偏离目标价格时触发目标价格变化率反馈机制。MKR 持有者选择信任的预言机，基于抵押资产交易对 Maker 平台进行喂价。为了保护系统中的预言机不被攻击者控制，喂价敏感指数作为全局变量，将控制系统接收的最大喂价变化。假如喂价敏感指数是 15 分钟 5%，那么在 15 分钟内喂价的变化就不能超过 5%。

三是全局清算者。全局清算者是在 DAI 稳定币系统遭遇攻击前的最后一道防线，MKR 持有者选择并授权全局清算者以触发全局清算，除了这一授权，全局清算者对系统没有其他的影响。

（四）市场挑战

MakerDAO 自成立以来，经历了几次影响较大的价格波动。事实证明，其整体机制经受住了市场的考验。2020 年 3 月 12 日，ETH 单日价格暴跌 50% 以上，导致 MakerDAO 在 24 小时内清算的债务规模，是其诞生以来产生的所有债务总和的 10 倍。许多“幸运”的清算参与者，不但以低于抵押品当时现货市场的价格向借款人偿还借款，甚至还以 0 元的价格竞拍得到免费的 ETH。此外，网络拥堵导致 Gas 费大涨，市场中 DAI 的资产荒最终给 MakerDAO 的资产负债表留下了 530 万美元的“窟窿”，即 CDP 抵押品总价值低于市场流通 DAI 的总市值 530 万美元。最后，MakerDAO 通过拍卖 MKR 补上了“窟窿”，得以正常运营。

三、算法型稳定币：屡战屡败

算法型稳定币是一种通过算法机制和智能合约自动调节代

币供应量以维持价格稳定的加密资产，其核心特征是不依赖抵押资产（如法币或加密资产），而是基于市场供需调整稳定币价格——当价格高于锚定值时增发代币以抑制溢价，当价格低于锚定值时销毁代币以提升价值。算法型稳定币的价格稳定机制主要包括以下形式。

（一）Rebase 类

AMPL 是 Rebase 类算法型稳定币的代表，这类项目稳定价格的方法比较直接、简单，就是通过协议直接进行增发或者销毁以进行价格调节。具体调节方法是，当 AMPL（基于 Ampleforth 协议发行）价格高于 1.05 美元时，所有账户中的 AMPL 余额同比例增加；当 AMPL 价格低于 0.95 美元时，所有账户的 AMPL 余额同比例减少。但在以上调节过程中，用户持有的 AMPL 在供应总量中的占比保持不变。

这种调节方式虽然直观明了，但是对于用户持有 AMPL 却产生了一定的消极影响。因为任何账户持有的 AMPL 余额会自动进行调整，这样一来，用户就不能将持有的 AMPL 和其他 DeFi 协议集成，进而无法实现更多的金融功能。这一点对用户的持币积极性会造成较大影响。

（二）质押增发类

ESD（Empty Set Dollar，一种算法型稳定币）是质押增发类算法型稳定币的代表，质押增发类项目的核心思路是通过调节稳定币市场流通量来调节价格，从而实现资产价格自动追踪并锚定价格的目标，但 ESD 不再对所有用户的账户余额“进行骚扰”，而是采用“基于期权进行销毁，基于质押获得增发”的方式进行调节。

ESD 的具体机制包括：当 ESD 的 TWAP（时间加权平均价格）高于 1 美元时协议增发，但不是针对所有账户平均进行分配，而是只针对将 ESD 存入抵押协议的账户进行增发，这个机制类似 Staking（质押挖矿），但是结合了稳定币的场景特点，并且体现了对长期持有 ESD 的一种正向激励。

那么，当 ESD 的 TWAP 价格低于 1 美元时，是不是也只针对质押账户进行销毁呢？ESD 项目团队成员来自国际知名高校麻省理工学院，他们显然没有采用这种“笨拙”的方式，而是采用一种对于金融行业来说既熟悉又优雅的方式——发行看涨期权，激励代币销毁。当 ESD 的 TWAP 低于 1 美元时，用户可以使用折扣价格买入 ESD，这种折扣价格买入的 ESD 会以 Coupon（折扣券）的形式存在，并由协议对卖出 Coupon 设定明确的条件，即只有在 ESD 的 TWAP 高于 1 美元的时候，用户持有的 Coupon 才可以被卖出，而且用户卖出 Coupon 的时间必须是买入 Coupon 的 3 个月以内。这样 Coupon 就具备了“看涨期权”的全部属性，即一份以买入 Coupon 的价格为成本，以 1 美元为行权价格，有效行权期为 3 个月的看涨期权。

ESD 开创了一种优雅且实用的经济模型，通过用户激励可以实现调节稳定币流通量的目标，也让算法型稳定币的账户余额变得“稳定”，解决了算法型稳定币“DeFi 不兼容”的问题。

（三）多代币类

Basis Cash 是多代币算法型稳定币的代表。多代币算法型稳定币沿着 Rebase 的思路继续前行，它的解决方案和 ESD 高度类似，也是通过增发和销毁来调节稳定币供需，以实现稳定币锚定法币的目标，不同的是，增发和销毁分别通过不同的代币实现。

Basis Cash 一共设计了 3 种代币：BAC 是其中的稳定币，锚定 1 美元；BAB 类似 ESD 中的债券，主要用于实现通缩；BAS 是治理代币，抵押 BAS 可以在通胀时获得增发，同时 BAS 也发挥了类似抵押资产的作用，只不过这个抵押资产的价值和稳定币的价值相关性太大。

（四）协议控制价值类

PCV（Protocol Control Value，协议控制价值类）算法型稳定币采取和 Rebase 完全不同的思路，来推动稳定币价格趋近于锚定价格。在 PCV 项目中，协议不再针对稳定币的市场流通规模进行调节，而是基于 AMM 流动性池定价原理，通过流动性的增减调节稳定币的市场价格，FEI Protocol 是此类项目的代表。

FEI 在公开发售之后，对发售所得的 ETH 直接添加流动性，当 FEI 的价格低于 1 美元时，合约自动撤回部分流动性，并用取回的 ETH 买入 FEI 以推高其市场价格，剩余的 ETH 则用于和 FEI 重新配队以添加流动性；当 FEI 的价格高于 1 美元时，则通过合约进行相反操作。

（五）协议拥有流动性类

POL（Protocol Own Liquidity，协议拥有流动性类）稳定币继续在 AMM 流动性池上做文章，相对于 PCV 只是通过增减协议控制部分流动性进行价格调节，POL 则采取“收买”流动性的方式，将所有流动性都控制在自己手里。

Olympus 开了 POL 算法型稳定币的先河。用户可以通过 OHM–DAI LP 代币参与 OHM 竞拍发行，且 OHM 的发行价格由 LP 代币和已发行债券的数量决定，并最终实现“溢价越低折扣越高，溢价越高折扣越低”的效果，通过折价率调节人们购买债券的积极性。而且最重要的是，市场中所有 OHM 的流动性都由协议控制，OHM 的供给还和 OHM–DAI LP 代币的供给直接相关，这就为 OHM 提供了新的需求，同时也将其纳入 OHM 的价格调节机制。

Olympus 是算法型稳定币中的一个“另类”，它不仅不以追求币值稳定为首要目标，反而以追求市值提升为短期目标，但在追求市值提升的过程中必然遭遇代币价格的暴涨或暴跌。从 OHM 的代币机制上看，其具有典型的“顺周期”特点，即 OHM 价格上涨越快，对于各个环节的激励作用就越大，但是价格下跌对于 OHM 的破坏性也是巨大的。经历了几次价格“过山车”之后，OHM 已经无法实现其对于资产规模的追求了，而是演变为 LAAS（Liquidity as a Service，流动性即服务）。

（六）混合型

尽管算法型稳定币在发行机制和价格稳定机制方面做了大量

的尝试，但迄今为止，这些方案仍然没有得到市场的认可。所以一种介于算法和抵押之间的形态——混合型稳定币出现了。FRAX 是混合型稳定币的典型。

Frax 项目在初始阶段设置 100% 的抵押率，也就是说，只有抵押一个 USDC 才能铸造一个 FRAX。但抵押率并不是固定不变的，而是根据 FRAX 的价格来调整的。当 FRAX 的价格大于 1 美元时，市场需求大于供给，FRAX 的抵押率开始下降，即生成 1 个 FRAX 所需要抵押的 USDC 数量减少；反之，当 FRAX 的价格小于 1 美元时，说明市场供给大于需求，那么 FRAX 的抵押率逐步上升，生成 1 个 FRAX 所需要抵押的 USDC 数量增加，这一方案巧妙地将市场对于 FRAX 的溢价转化为抵押资产，且具有充分的灵活性。

除了动态调整抵押率，FRAX 还通过套利机制实现价格锚定。假设当前 1 FRAX=1.1 USDC，抵押率是 80%，那么套利者就可以用 8 000 个 USDC 和价值 2 000 美元的 FXS 来铸造 10 000 个 FRAX，然后在市场上将 10 000 个 FRAX 以 1.1 美元的价格卖出，最后套利者获得 1 000 个 USDC。协议在收到 USDC 后，会将 USDC 作为抵押物储存或再投资，而 FXS 会被直接销毁。

Frax 项目的另外一个特点是 AMO 算法机制，简单来说，就是把 FRAX 抵押池里面的抵押物进行再投资创造收益，然后分配给 FXS 的质押者。因为 FRAX 的抵押率是动态调整的，所以协议可以将闲置的 USDC 投入市场去赚取收益，比如 Curve、Aave 等。再如，Frax 项目通过持有 CVX（Convex 协议代币），能够在 Curve 上通过为 FRAX 相关的流动性池提供流动性而获得激励。

算法型稳定币的核心在于利用一种去中心化的方式提供价格信号，但事实上，同样一套调节机制对于不同规模市值的资产（稳定币）调节效果相差很大，绝大部分算法型稳定币只针对静态的价格调节提供方案，且并没有为如何扩大稳定币资产规模提供方案。反过来看，如果稳定币的资产规模无法得到持续提升，那么稳定币的价格就会始终承受较大压力。所以，迄今为止，算法型稳定币还没有诞生一个算得上成功的项目，主流的算法型稳定币已转向混合模式。

第三节　合规层：稳定币走进现实世界的入场券

稳定币的合规性涉及法律、金融、技术及跨境监管等多个维度，其核心在于平衡创新与风险防控。关于稳定币的法律地位、发行主体资质、储备资产要求、信息披露与审计等相关内容，主要通过“资产层”实现，而合规层则主要体现稳定币相关的客户身份识别和反洗钱等功能。

一、不断增强的 KYC 和 AML 监管要求

KYC 和 AML 是金融机构风险管理的核心工具，既是合规要求，也是保护自身安全和金融体系安全的必要手段。许多地区将 KYC 和 AML 作为稳定币发行和交易的前置条件。例如，中

国香港《稳定币条例》要求持牌机构建立完善的KYC和AML制度，并通过反欺诈、信息安全等合规审查；新加坡的《支付服务法案》同样强调稳定币服务商需要满足AML要求；阿联酋中央银行在《支付代币服务条例》中明确要求稳定币服务商需要通过AML/CTF审查；美国《天才法案》强制要求发行人遵守《银行保密法》的KYC规则。此外，KYC和AML机制也是保护用户财产安全的必要手段，如KYC流程通过验证用户身份可防止账户被盗或欺诈行为，AML机制能识别异常交易（如高频大额转账），从而避免资金被用于非法活动。尽管各国（地区）监管部门针对KYC和AML分别制定了具体的监管政策，但其政策在一定程度上具有一些共性。

（一）KYC的核心要求

KYC的核心要求主要体现在身份验证、信息收集以及持续监控方面。

在身份验证与信息收集方面，个人客户需要验证身份（如护照、身份证）、地址证明（水电账单）、职业信息及资金来源；高风险客户需要额外审查财富来源；企业客户需要穿透股权结构，识别UBO（最终受益所有人），核查营业执照、公司章程、实际控制人信息，并通过工商数据库验证企业合法性等。

在持续监控方面，定期复审客户信息，动态监测交易行为与风险等级变化；通过API实时获取第三方数据（如中国香港地区的公司注册信息、全球制裁名单等），确保信息时效性。

此外，对高风险国家（如FATF确定的“灰名单”国家和地区）、涉及虚拟货币或离岸结构的客户，应采取强化尽调、限制交易额或拒绝高风险业务等措施。

（二）AML 的核心要求

AML 的核心要求主要体现在交易监测与可疑报告、风险评估与分级管理以及反洗钱内控方面。

在交易监测与可疑报告方面，需要建立实时交易监控系统，识别异常模式（如小额高频转账、夜间大额交易、资金流向高风险地区等），可疑交易需要在 24 小时内向金融情报机构报告，并保存交易记录。

在风险评估与分级管理方面，需要根据客户类型（个人或企业）、业务场景（跨境支付或加密资产交易）、地域风险（如“避税天堂”）来实施差异化风险评估；对高风险业务（如加密资产兑换、跨境汇款）设置独立审批流程和人工复核机制。

在反洗钱内控方面，需要设立合规部门，明确业务部门自查、风控部门监督、内审独立审查“三道防线”职责；定期开展反洗钱培训，提升员工对新型洗钱手段的识别能力。

（三）支付领域的特殊合规要求——“旅行规则”

基于加密资产进行支付时，需要执行 Travel Rule（旅行规则）。对于低金额交易，需要收集发送方和接收方的姓名、钱包地址、交易哈希；对于高金额交易，则额外要求收集发送方的出生日期、身份证件号码、实际地理位置以及接收方的钱包地址。

Travel Rule 是国际 AML/CTF 的核心监管要求，其核心目标是打击洗钱、恐怖融资和规避制裁等行为，推动加密资产行业对齐传统合规金融体系，增强监管机构对资金流动的可追踪性。

旅行规则最早由美国金融犯罪执法局于 1996 年提出，要求金融机构在跨境转账超过 3 000 美元时共享汇款人和收款人的信息。2019 年，FATF 将旅行规则纳入《基于风险的虚拟资产和虚拟资产服务提供商方法指南》①，要求交易所在交易金额超过 1 000 欧元 / 美元时，收集并传递交易双方的详细信息。与此同时，2023 年 1 月，新加坡要求交易金额大于 1 500 新元时需要共享钱包地址和用户信息，并向新加坡金管局定期提交合规报告。2023 年 6 月，在中国香港地区申请虚拟资产服务提供商牌照的申请者，需要证明具备旅行规则执行能力。2024 年 12 月，欧盟全面取消金额门槛，强制共享虚拟资产交易双方信息需要协调成员国监管差异。

二、持续迭代的 AML 和 KYC 解决方案

（一）Elliptic：全球领先的加密合规解决方案提供商

Elliptic 利用区块链分析技术，为加密资产企业、金融机构和监管机构提供风险评估、交易监控、钱包筛选等数据分析与合规服务，在 AML 和 KYC 方面有广泛应用。Elliptic 的主要功能

---

① FATF（2019），Guidance for a Risk-Based Approach to Virtual Assets and Virtual Asset Service Providers，https://www.fatf-gafi.org/content/dam/fatf-gafi/guidance/RBA-VA-VASPs.pdf.coredownload.inline.pdf.

体现在以下几个方面。

链上追踪与分析：Elliptic 利用人工智能技术监控区块链交易，通过解析交易元数据，将匿名地址与已知实体关联映射，识别可疑交易模式，为 AML 和 KYC 提供数据支持。例如在 RWA 中追踪资金流向、识别洗钱等非法活动。

风险评估与筛查：风险评分引擎基于地址历史行为、关联实体、司法风险等维度生成风险评分，帮助机构快速识别高风险客户和交易，比如为 RWA 平台提供实时交易筛查 API，阻止高风险地址参与。

合规报告生成：利用自然语言生成和监管规则引擎，自动生成 FATF 要求的 Travel Rule 报告等合规文件，简化合规流程，降低合规成本。

跨辖区合规适配：动态映射不同国家和地区的 AML 政策，帮助企业在不同司法管辖区开展业务时满足合规要求，避免政策差异导致的合规风险。

（二）Onfido：基于人工智能提供验证服务

2012 年，Onfido 在英国伦敦成立，这是一家通过人工智能等技术提供身份验证、文件验证、背景调查等服务的公司，为 195 个国家和地区超过 1 500 家企业客户高效准确地进行员工及客户背景调查，其主要功能包括以下方面。

一是身份验证：利用机器学习和人工智能技术，通过分析文件验证个人身份，建立互联网环境下的替代身份验证层，取代现有常见的身份验证机制。

二是文件验证：能对超过 600 种文件进行分类检查，快速、准确地验证超过 2 500 种全球文档，可核验护照、驾照、身份证等文件的真实性，还能识别文件是否被盗用。

三是生物识别验证：采用面部识别和活体检测等生物识别方法，通过人工智能将实时自拍与身份证件照片进行比对，提供不同的验证产品，以满足不同的场景需求，如面部照片适用于低风险用户或交易，面部视频则适用于高风险用户或交易等。

四是数据验证：用全球可信数据库核对客户信息，提高对企业或个人身份的信任，帮助企业遵守 AML 和 KYC 等要求。

五是监控名单查询：检查申请人是否在政府制裁名单、政治风险人员名单、反恐名单、反洗钱名单等全球观察名单上，并提供警报。

六是反欺诈：通过分析身份证件、面部识别数据，以及与各类数据库进行比对，识别欺诈行为，如发现制作假身份证件的欺诈者，帮助企业和机构防范诈骗等。

第六章

风险挑战在发展中逐渐清晰

稳定币的技术特点使其在金融功能方面既具有优势，也面临相关风险。这些风险主要包括：脱锚风险，即稳定币价格脱离锚定法币价格的风险；技术风险，可能涉及智能合约、共识机制、网络安全等层面，如智能合约代码中的编程错误可能导致资金被盗或系统崩溃；合规风险，稳定币发行人没有获得发行许可，储备资金没有满足托管、投资和信息披露的要求等；市场风险，稳定币作为连接加密资产和传统金融的桥梁，市场风险的双向传导会对其产生影响等。

第一节　脱锚危机与不稳定风险

稳定币的核心命题是锚定目标价格、对冲价格波动，但是一旦调节机制失灵，稳定币也会迅速“崩盘”。2022 年 5 月，LUNA

就给市场上了一堂触目惊心的“演示课”。

一、UST 崩盘暴露算法型稳定币的脆弱

Terra 是基于 Cosmos SDK 开发的一条公链，LUNA 是 Terra 公链的原生代币，其核心功能是作为 Terra 公链的 Gas 费，同时也是 Terra 公链的治理代币。由于 Terra 公链采用的共识机制是 PoS，所以质押 LUNA 可以获得质押收益。

Terra 团队同时推出一个锚定美元的稳定币项目 UST，并明确规定只有抵押 LUNA 才可以铸造（借出）UST，这种设计是抵押借贷的典型模式，比如抵押 ETH 生成 DAI 的 MakerDAO，或者合成资产类项目 Synthetic。但不同的是，Synthetic 将抵押率设置为 750%，而 MakerDAO 将抵押率设置为 150%，通过这种设计，在抵押资产价格和稳定币价格之间设置了一个缓冲区，即使抵押资产价格剧烈波动，对稳定币价格的影响也会大大降低。但是 LUNA 将抵押率直接设定为 1，这样抵押资产的价格风险将“不打折扣”地全部传递给稳定币，为稳定币价格脱锚埋下了伏笔。此外，为了吸引用户，Terra 团队还将 UST 的“存款利率”和 LUNA 的质押收益进行组合，通过 Anchor 平台向 UST 用户提供固定年化收益率达 20% 的存款产品。这样的结果是，很多用户对于 LUNA 和 UST 的实际运行机制并不了解，但是对于 20% 的固定年化收益率却非常“上头”，因此承担了巨大风险。

此外，Terra 也设计了套利机制，希望通过市场激励驱动 UST 价格锚定 1 美元。Terra 套利机制的设定是，1 枚 UST 始终

能够兑换价值 1 美元的 LUNA，同时价值 1 美元的 LUNA 也能够兑换 1 枚 UST。假设市场上 UST 的交易价格为 1.1 美元，套利者将价值 1 美元的 LUNA 发送给 Terra 协议，协议将烧掉这 1 美元的 LUNA，同时铸造 1 枚 UST，然后套利者将这 1 枚 UST 在市场上以 1.1 美元的价格出售，从而获得 0.1 美元的价差，最终结果是 UST 通胀而 LUNA 通缩。

反之，假设市场上 UST 的交易价格为 0.90 美元，套利者将以 0.90 美元的价格在市场上购买 1 枚 UST 并将其发送到协议，套利者在 Terra 协议上将 1 枚 UST 兑换成 1 美元的 LUNA，然后套利者以 1 美元价格卖出手中的 LUNA，赚取 0.1 美元的价差，最终结果是 UST 通缩而 LUNA 通胀。

基于以上机制，2020 年 11 月，UST 从零起步；2022 年 5 月，市值规模最高达到 180 亿美元。在此期间，Terra 团队为了降低 UST 抵押物的价格风险，分批次将作为抵押物的 LUNA 部分调仓，买成 BTC 和 ETH，但 UST 和 LUNA 在机制设计上的漏洞却始终存在。2022 年 5 月以后，美联储加息预期，导致 BTC 以及整体加密资产价格快速下跌。最终，作为抵押资产的 LUNA，其资产价值低于 UST 流通的市值，这就使 UST 在技术层面破产，尽管市场还没有立即对此做出反应，但做空 LUNA 和 UST 的力量已经开始聚集。

UST 与美元锚定的是去中心化稳定币交易协议 Curve。Curve 是一个非常有意思的去中心化交易协议，它只针对锚定同一资产的加密资产提供交易，比如基于不同抵押机制或者算法生成的各种稳定币。这些稳定币大多锚定美元，但是由于市场供需情况以及锚定机制的影响，其价格往往会发生一定的波动。所以，在通常情况下，不同的稳定币在 Curve 协议上以近似 1∶1 的价格进行交易，但是一旦某种稳定币在 Curve 协议上的价格发生大幅波动，也就意味着稳定币发生了脱锚。某种稳定币（如 UST）在 Curve 协议上的锁仓量既代表其流动性深度，也代表其币值稳定的保障能力。由于 Curve 的流动性池对于市场是开放的，人人都可以通过为其流动性池添加流动性以赚取交易费，所以 Curve 流动性池锁仓量的多少，直接反映了市场对于稳定币能否维持其价格锚定的预期。此外，Curve 流动性池的数据对外是公开透明的，如果有大额代币退出流动性池，则不仅会在市场层面引发恐慌情绪，加速流动性流失，同时价格信号的变化还会引发对 DeFi 中的抵押借贷协议进行清算。① 一旦大规模清算开始启动，稳定币将被大量抛售，由此可能引发价格踩踏。

2022 年 5 月，这一幕就真实地发生在 UST 身上。

2022 年 3 月，美联储启动加息，导致投资者风险偏好下降，资金从加密市场流向更安全的投资选择，加密资产作为高风险资产首先受到冲击，虽然对稳定币的价格影响不大，但作为 UST 价值锚定的 LUNA 却随着大盘下跌，其市值相比最高峰几乎减半。此时，UST 作为 Terra 协议对市场的负债已经超过其抵押物 LUNA 的市值。这种情况就像把 UST 推上一个斜坡，依靠 Curve 流动性池为其提供的“护城河”，UST 暂时可以维持币值稳定。这个时候，Terra 团队突发奇想，准备在 Curve 上更换流动性池。5 月 8 日，当 Terra 团队开始流动性“调仓”的时候，有机构开

① 中心化的抵押借贷平台虽然不是基于智能合约执行清算的，但对清算条件的设置和抵押借贷协议大体相似。如果短期内稳定币的价格不能迅速恢复正常，中心化借贷平台就会启动清算。

始大量卖出 UST，UST 随之脱锚。一旦脱锚，在前文介绍的套利机制的作用下，用户的反应就是卖出 UST 换成 LUNA。如果 LUNA 的价格可以保持稳定或者回升，用户的操作也就到此为止；但是市场并没有为 LUNA 提供这样一个机会，BTC 都在连续回调，LUNA 更不可能独善其身。LUNA 价格持续下跌，用户选择卖出 LUNA，这时候 LUNA 已经不再能承担 UST 价值稳定的作用，而是成为 UST 价格继续下滑的催化剂，这就是所谓的“死亡螺旋”。从 2022 年 5 月 8 日到 5 月 28 日，UST 市值从 187 亿美元跌到 2 亿美元，LUNA 市值从 265 亿美元跌到 6 亿美元。在 LUNA 身上，我们见证了加密资产市场涨跌幅度和速度最快的演变。无论结果如何，UST 作为一种稳定币，最终还是崩盘了。

UST 的崩盘教训是在基本面上没有设置超额抵押，导致市场波动风险直接传导至稳定币锚定价值；在直接操作上，Terra 团队在一个非常不合适的节点调仓，为市场提供了错误的价格信号，误导市场清算，最终导致稳定币崩盘。

二、USDC 因硅谷银行破产而脱锚

USDC 基于合规框架发行，但合规框架并不能完全规避脱锚风险。2023 年 3 月 11 日，硅谷银行申请破产，导致 Circle 在该银行的部分现金储备被冻结，引发市场对 USDC 的信任度下降，并出现大规模挤兑和抛售，USDC 的价格从 1 美元跌至 0.878 美元。

为了应对这一危机，Circle 采取了以下措施：与硅谷银行协商解冻部分资金，并将其转移到其他银行；通过销毁部分 USDC 来减少流通量，并提高市场对其储备金充足率的信心；与其他稳

定币发行人合作，开放 1∶1 兑换通道，以缓解市场压力；与中心化交易所合作，暂停或限制 USDC 的充值和提现服务，以防止恶意套利。此外，Circle 创始人还通过推特等社交媒体积极向市场传递信号，33 亿美元的储备金已转账给其他银行，如果不能 100% 收回，那么不排除动用公司资源或引入外部资本来弥补缺口。

在 USDC 脱锚过程中，由于风险的相关性和传导性，去中心化稳定币、链上借贷、DEX 等一系列项目也遭遇了一定程度的风险。稳定币作为 DeFi 基础设施的重要性得以再次体现，比如 USDC 脱锚使那些以 USDC 为储备金或抵押品的去中心化稳定币（如 DAI、FRAX、MIM 等）同时出现大幅度脱锚，并出现清算风险和套利机会，还使那些使用 USDC 作为借贷资产或抵押品的链上借贷平台（如 Aave、Compound 等）出现利率波动、USDC 流动性枯竭或清算事件。此外，使用 USDC 作为交易对或流动性池资产的链上 DEX（如 Uniswap、Curve 等）会出现价格滑点或套利机会。

幸运的是，美联储、美国财政部和 FDIC（美国联邦存款保险公司）出台了联合救市计划，使市场恐慌逐渐消散。Circle 采取的一系列措施也极大地发挥了稳定市场的作用。2024 年 3 月 13 日，USDC 价格回到了接近往常的水平。

第二节　技术风险与安全威胁风险

除了流动性风险、信用风险导致的脱锚风险，稳定币还会遭遇技术层面的安全威胁。相关的技术风险主要包括智能合约漏洞和跨链技术缺陷等方面。此外，稳定币部署的区块链网络可能因交易拥堵、DDoS（分布式拒绝服务攻击）攻击或节点故障，而发生交易延迟、手续费飙升或数据丢失等问题。例如，以太坊在高峰期的交易确认时间可达数小时，这会影响稳定币的即时支付功能。

一、签名漏洞导致 Poly Network 安全事件

智能合约是稳定币的核心技术组件，但其代码可能存在逻辑错误或编程漏洞（如重入攻击、预言机操控），也可能被黑客利用，盗取资产或破坏稳定币锚定机制。

2021 年 8 月 10 日，Poly Network 平台遭遇黑客攻击，在以太坊、币安、Polygon 公链上的资产几乎全部遭到洗劫，造成包括以太坊、比特币在内价值超 6.1 亿美元的虚拟货币被盗，成为加密资产史上涉案金额最大的安全事件。

攻击最早发生于 8 月 10 日 17：55，黑客在以太坊网络陆续从 Poly Network 智能合约转移了 9 638 万枚 USDC、1 032 枚 WBTC 等资产；18：04，黑客从 Poly Network 智能合约转移了 8 508 万枚 USDC；18：08，黑客在币安智能链从 Poly Network 智能合约又转移了 8 760 万枚 USDC 和 26 629 枚 ETH 等资产。[①]

据统计，在短短 34 分钟的时间里，Poly Network 各类资产

---

① 澎湃新闻（2025），一文读懂 Poly Network，6 亿盗币案 DeFi 历史金额最大，全程复盘早有预兆，https://www.thepaper.cn/newsDetail_forward_13993159。

代理合约一共向黑客地址发起 17 笔转账，从以太坊、币安智能链以及 Poly Network 中转走了价值 6.1 亿美元的代币。8 月 12 日午间，Poly Network 在社交媒体宣布，黑客已经归还窃取的资金，共 2.6 亿美元，还有 3.5 亿美元没有偿还。

随后，安全公司 BlockSec 发布分析报告并指出，Poly Network 被攻击的原因，可能是用于跨链签名的私钥被泄露或者签名程序有逻辑漏洞，从而攻击交易。慢雾安全团队分析，由于跨链合约的 Keeper 地址被修改为黑客控制的地址，黑客使用该地址对提取代币的交易进行签名，从而将合约中的大量代币套取出来。

二、跨链协议引发稳定币被盗

跨链桥作为连接不同区块链的枢纽，其安全漏洞可能被黑客利用，并进行资产劫持。

Axie Infinity 是一款基于元宇宙概念的 NFT 游戏，其玩法类似“宝可梦”游戏系列，玩家可通过游戏获得加密货币并用加密货币在游戏中进行消费。Ronin Network 是专为其打造的以太坊侧链，用于 RON（Ronin Network 的平台原生代币）之类的平台原生代币与以太币进行转换交易。2022 年 3 月，Axie Infinity 的侧链 Ronin Network 遭到攻击，黑客控制了 4 个验证节点，进行了 2 次未授权提款，窃取了 17.36 万枚以太币和 2 550 万枚 USDC，总损失达 6.25 亿美元。[①]

---

① 36 氪（2022），最前线 | 加密货币爆发史上最大劫案：约 6 亿美金以太币被盗，https://baijiahao.baidu.com/s?id=1728790938227968753&wfr=spider&for=pc。

根据 Beosin 旗下 EagleEye 的监测，2024 年 1 月 1 日，Orbit Chain(跨链桥协议)遭到黑客攻击，被盗资金分别被转移到 5 个地址，包括 5 000 万美元的稳定币（3 000 万枚 USDT、1 000 万枚 DAI 和 1 000 万枚 USDC)、231 枚 WBTC（约 1 000 万美元）和 9 500 枚 ETH（约 2 150 万美元)，合计损失高达 8 150 万美元。[①]

IBC（跨链通信协议）是连接不同区块链的核心技术，其主要功能在于打破区块链之间的“孤岛效应”，实现资产和信息安全、高效的跨链交互。IBC 的具体功能包括支持跨链资产转移（如代币、NFT)、链间账户管理（如跨链登录、操作等）以及数据查询与验证等。IBC 本应像国际快递的电子关封，通过加密签名发挥确保跨链包裹完整性和安全性的作用，但黑客通过中间人攻击，在跨链通道植入伪造的轻节点，让目标链误以为收到的是经过验证的合法请求，从而实现盗取资产的目标。这就好比海关系统被植入虚假的电子印章，放任装了违禁品的集装箱大摇大摆通过安检。为了保障客户资金安全，需要实施动态 channel 机制［如 Cosmos（一个区块链公链）的 ICA 协议升级)]，引入零知识证明验证历史状态，建立跨链交易的可逆性熔断机制等。

---

① Odaily 星球日报（2024)，跨链桥协议再遭攻击，Orbit Chain 损失高达 8150 万美元，https://www.panewslab.com/zh/articles/e7lr5v6a。

第三节　涉嫌洗钱与非法金融活动风险

潜在的洗钱等非法金融活动风险，是各国（地区）犹豫是否支持稳定币发展的重要考量因素。稳定币基于区块链发行和交易，具有去中心化和匿名性等特点，其跨链桥技术加强了不同区块链的互联互通，使得洗钱者可以更容易地隐藏自己的身份和资金来源，而区块链上的交易不可撤销，也会对洗钱和恐怖融资等非法金融活动的追查和追回构成障碍，从而导致洗钱、恐怖融资等非法金融活动更加复杂。但随着技术发展和市场合规要求的提高，稳定币涉及的非法金融活动出现了收敛的迹象。

根据 TRM Labs 的数据，2024 年全球加密资产交易量相较于 2023 年增长 56%，但经过初步测算，2024 年加密资产相关的非法交易量已降至约 450 亿美元，同比下降了 24%。[①] 非法交易量占整体加密交易量的 0.4%，同比下降了 51%。[②]

---

① TRM Labs 基于黑客攻击中被盗资金的美元价值，以及与投资计划、制裁和暗网市场等非法类别实体关联的比特币、以太坊、波场、币安智能链区块链地址的美元转账价值，对总的非法加密资产交易量进行估计。该估计结果是非法加密资产交易量的最低值或“底线”，且规模会随着归属和报告的延迟而增加，如 2023 年的非法交易量初步估计为 348 亿美元，之后上调到 587 亿美元，上调幅度接近 69%。

② THE BLOCK（2025），Illicit use of blockchains represents just 0.4% of total crypto volume，TRM Labs finds，https://www.theblock.co/post/335268/illicit-use-of-blockchains-represents-just-0-4-of-total-crypto-volume-trm-labs-finds.

根据 TRM Labs 的报告，2024 年区块链非法活动的主要类别与 2023 年基本相同。其中，受制裁实体和司法管辖区相关交易在全部非法交易量中占比 33%，黑名单相关交易在全部非法交易量中占比 29%，诈骗和欺诈相关交易在全部非法交易量中占比 24%。①

受制裁实体和司法管辖区在 2024 年占据了加密资产相关非法交易量的最大份额，流入规模达到 148 亿美元。俄罗斯最大的加密资产交易所 Garantex，伊朗最大的加密资产交易所 Nobitex，占受制裁实体和司法管辖区流入量的 85% 以上。②

恐怖组织日益使用加密资产的证据显而易见。如稳定币在 ISKP（“伊斯兰国”呼罗珊省分支）的使用不断上升，而 ISKP 是被国际社会认定为恐怖组织的 ISIS（“伊斯兰国”）在阿富汗的分支，它是当今重要的跨国恐怖威胁之一。2024 年，数个与 ISKP 相关的重要案件中都有稳定币的身影。比如，2024 年 3 月，ISKP 在莫斯科实施了一次自杀式袭击，部分资金来自加密资产。同月，土耳其当局逮捕了在国内活动的 ISIS 融资者，并查获了加密资产钱包。

诈骗和欺诈的数量有所下降。2024 年，尽管每个月仍有数百个新骗局出现（针对美国、阿根廷、韩国、英国、意大利、塞浦路斯、菲律宾等地区的受害者），但超过 1 亿美元的庞大骗局

---

① Crypto.news（2025），Sanctions remain dominant at 33% of illicit crypto flows in 2024，analysts say，https://crypto.news/sanctions-remain-dominant-at-33-of-illicit-crypto-flows-in-2024-analysts-say/.

② Crypto.news（2025），Intelligence value far outweighs desire to prosecute: What is Garantex，Russia’s largest sanctioned crypto exchange，https://crypto.news/what-is-garantex-russias-largest-sanctioned-crypto/.

明显减少。超过 1 亿美元的庞氏骗局和金字塔骗局为 14 起，发送到欺诈案件相关的资金至少达到 107 亿美元，相较于 2023 年下降了 40%。[①]

毒品销售继续在暗网市场增长。2023—2024 年，利用加密资产进行毒品在线销售接近 24 亿美元，同比增长超过 19%。其中，俄语暗网市场继续占据收入的绝大多数，在非法药物销售整体交易量中占比超过 97%。[②]

这些非法金融活动引发了多国（地区）监管部门的高度关注，并从不同角度采取措施，针对此类风险进行防范。欧洲侧重于完善规则，通过完善机制来防范风险和确保金融稳定，欧盟在通过《MiCA 法案》的同时修订《资金转移条例》《反洗钱条例》，要求加密资产服务提供商在转移加密资产时附带汇款人和收款人的信息，在缺少个人身份信息的情况下，不允许任何数量的加密资产在其加密资产服务提供商的账户间转移。美国侧重于技术赋能，一方面，要求所有稳定币发行人具备监管要求的打击非法金融活动的技术能力；另一方面，要求 FinCEN 在制定针对加密资产活动新的反洗钱规则时，开发新工具以监测非法加密活动并审查发行人合规计划等。

与此同时，稳定币发行机构与加密资产交易服务机构也在积极尝试推出新的反洗钱和防控非法金融活动的解决方案。Tether 一直积极与全球各地的执法机构合作，已与来自 55 个国家和地

① Crypto.news（2025），Sanctions remain dominant at 33% of illicit crypto flows in 2024，analysts say，https://crypto.news/sanctions-remain-dominant-at-33-of-illicit-crypto-flows-in-2024-analysts-say/.

② 同上。

区的 250 多个执法机构建立了合作关系，这一数字远超其他金融机构。同时，Tether 通过自身构建的监控技术，能够有效地识别区块链生态中的二级市场活动。2024 年 8 月，TRON、Tether 和 TRM Labs 共同成立了 T3 金融犯罪防范联盟，在 2024 年与各国（地区）执法部门合作冻结了超过 1.26 亿美元的加密资产非法收益。[①]

第四节　与传统金融市场的风险传导

加密资产市场和传统金融市场深度融合，与稳定币相关的美债以及传统资本市场可能通过多种风险传导机制对稳定币产生影响。

一、美债市场的风险传导

美国《天才法案》规定，美元抵押型稳定币资产仅限于：美元，美国银行或受美国监管的外资银行的存款，剩余期限不超过 93 天的国债、票据或债券，隔夜回购协议以及其他经批准的高流动性资产等。其中，短期国债持有比例应超过 70%。这一规定对于促进稳定币价值透明、保护投资者权益具有重要意义。但由于抵押资产结构高度单一，在用户需要将稳定币兑回法币的时

① 亿欧网（2025），波场支持的 T3 FCU 成立 5 个月后交首份成绩单 累计冻结超 1.26 亿美元涉嫌犯罪资产，https://www.iyiou.com/news/202501041087325。

候，假如处置渠道受限，反而放大稳定币价值波动风险，极端情况下还可能因为流动性危机造成“死亡螺旋”，对稳定币的价值造成反噬。

此外，稳定币抵押资产高度集中于短期美债。事实上，相当于把美债面临的各种风险捆绑在稳定币身上，如美债因评级变动等风险事件出现市场波动时，稳定币的内在价值也必然受到影响，美债市场风险与稳定币脆弱性之间形成了一条高度敏感且脆弱的传导链条。

2023 年美联储激进加息，导致硅谷银行持有的长期债券大幅贬值，叠加科技企业集中提款引发流动性危机，最终走向破产。USDC 的部分储备资产存放在硅谷银行，市场担忧其储备安全性，从而引发投资者恐慌性抛售 USDC，导致其与美元严重脱锚（一度跌至 0.87 美元），暴露了稳定币与银行体系间的风险传导机制。

二、加密市场的风险传导

尽管特朗普第二任期之内大力推进“负责任地发展和使用加密资产、区块链和相关技术”，多个国家（地区）也出台政策将加密资产纳入监管，但绝大多数加密资产本身并不能创造任何现金流[①]，也不能通过现金流折现等常用模式进行估值，而只能结合市场流动性水平，特别是美联储调控下的美元流动性水平以及投资者心理和情绪，对其价格变动进行预测。加密资产市场本质

① RWA 可以创造现金流，但尚处于早期阶段。在原生加密资产中，公链代币和 DeFi 类项目可以产生以代币形式反映的现金流。

上是投机属性，对社会整体主要发挥财富再分配功能。所以，在加密资产市场和传统金融市场已经逐渐被打通的情况下，源于加密资产市场的波动可能传导至传统金融市场并对其产生较大幅度的影响。

加密资产和传统金融市场至少已经存在三类通道，可对双边价格形成交叉传导效应：一是去中心化金融体系内的抵押借贷行为，如 DAI，实现了“准货币”的创造功能，特别是通过稳定币购买代币化股票资产会使资金直接流入股市；二是传统金融市场推出的虚拟资产 ETF 等产品，如比特币现货 ETF 和 ETH 现货 ETF ；三是 PIPE（上市公司私募股权融资）策略形成的上市公司变身虚拟资产财库模式。随着以上途径的建立及扩展，虚拟资产市场和传统金融市场风险交叉传导的概率大大增加。

第五节　货币替代与金融不稳定风险

美元稳定币在全球稳定币市场中占据绝对主导地位，但其用户主要集中在新兴经济体。美元稳定币的持续扩张尽管给新兴经济体的用户带来了显著的便利，但也对新兴经济体的货币体系和经济稳定造成了不容忽视的负面影响。

一、加剧金融不稳定风险

稳定币为跨境资本流动搭建了便捷通道，并在很大程度上削弱了新兴经济体资本管制的实施效果。一方面，它可能引发新兴经济体资产价格剧烈波动，增加金融体系的脆弱性。例如，大量资金通过稳定币快速进出市场，可能导致资产价格短期内大幅波动，其涨跌会扰乱市场正常秩序。另一方面，若稳定币发行人出现无法兑付的情况，如储备资产不足或遭遇技术故障，极易引发投资者挤兑。这种挤兑效应可能迅速蔓延至传统金融体系，引发金融风险。此外，部分新兴市场国家由于缺乏适当的监管工具，存在明显的监管漏洞，无法及时有效地应对稳定币带来的潜在风险，可能会进一步加剧金融体系的不稳定性。

二、损害货币主权

稳定币的广泛使用对新兴经济体的货币主权构成了一定威胁，例如导致新兴经济体银行存款流失，进而造成货币乘数降低。货币乘数的下降，意味着央行通过信贷传导机制调控经济的能力受到阻碍，货币政策的效果将受到显著影响。此外，新兴经济体可能倾向于将活期或定期存款转为稳定币，这使广义货币量的统计变得更加困难。央行难以准确判断货币供需平衡状况，在制定货币政策时面临更大的挑战，特别是在金融基础设施相对薄弱、货币政策工具有限的发展中国家，这一问题越发突出。

三、造成资本流动失控

稳定币绕开传统金融体系，与加密资产市场以及美债市场高度关联，导致新兴经济体资金流动受加密资产市场以及美债的影响大大增加。加密资产市场价格波动性强，可能加剧新兴经济体资产价格震荡。美债市场受政策因素及市场因素的影响产生波动，也会对新兴经济体产生干扰，如稳定币大规模赎回时，发行人抛售美债等资产会冲击美国货币市场流动性，进而通过资本流动外溢至新兴经济体，引发金融市场动荡，形成“稳定币波动—美元市场紧张—新兴市场风险”的传导链条。

第三部分

政策篇

第七章

在合规与创新之间寻求平衡

近年来，国际监管组织和各国（地区）监管当局积极研究制定稳定币监管的相关政策。2023 年 7 月，FSB（金融稳定理事会）在 2020 年发布的初步建议的基础上，发布了关于全球稳定币安排的监管、监督的高级建议，其核心理念是按照已有的金融监管框架，遵循“相同业务、相同风险、相同监管”的原则，针对稳定币相关业务实施监管。与此同时，一些国家和地区也在研究制定稳定币的监管框架与具体措施，美国、欧盟、日本、新加坡、阿联酋、中国香港已经制定了相应的监管法规，英国、韩国、澳大利亚、土耳其等 20 多个国家正在积极推进稳定币与加密资产立法。

第一节　欧盟《MiCA 法案》的监管重点

2024 年 12 月 30 日，欧盟《MiCA 法案》全面生效，该法案适用于欧盟27个成员国以及另外3个欧洲经济区国家（挪威、冰岛、列支敦士登），解决了欧盟和欧洲经济区国家在加密资产监管上的碎片化和监管套利问题，是全球适用范围最广的加密资产监管法规。

《MiCA法案》按照分类监管的思路，对加密资产的界定和使用、加密资产发行人和服务商的准入许可、加密资产发行人和服务商的经营管理、加密资产发行人的储备与赎回管理、加密资产交易活动的反洗钱监管等做出了详细规定，是迄今为止最全面的加密资产监管法规。

《MiCA法案》既看到加密资产发展在提升金融服务效率、改善金融普惠性和推动经济增长方面的作用，也关注到加密资产的发展给支付体系运转、金融体系稳定和货币政策传导（货币主权）带来的挑战，在支持金融创新和公平竞争、维护金融稳定和消费者权益之间走出了一条平衡之路。

从2025年开始，随着《MiCA法案》在欧洲各国逐步落地生效，其将对全球加密资产市场的合规发展起到极大的推动作用，也将引领其他国家加密资产监管政策的制定和全球治理协同体系的建设。

一、资产分类以及明确使用和交易要求

（一）将监管对象划分为三类

《MiCA法案》依据加密资产是否试图通过参考其他资产来稳定其价值，将监管的加密资产分为三大类：EMT、ART以及

UTs 等其他加密资产，完全去中心化的加密资产不受《MiCA 法案》监管。

EMT 通过参考一种官方货币来维持资产的价值（即法币支持的稳定币），它是一种支付手段，EMT 的发行人被禁止对 EMT 支付利息（包括补偿、折扣等，类似国内对非银行支付的要求）。

ART 通过参考另一种价值或权利，或者两者的组合来维持稳定的价值，包括一种或多种价值或权利、商品、法定货币或加密资产，是一种交易手段和投资工具，发行人和服务商在提供与 ART 相关的服务时，不应向持有者支付与 ART 持有时间相关的利息。EMT 与 ART 的区别在于索赔权，EMT 持有人可以并有权在任何时刻按面值赎回 EMT，但 ART 持有人的赎回时间和赎回价值并没有这么强的保障。

UTs 等其他加密资产在分布式账本技术上提供对某种商品或服务的数字访问，且仅被该代币的发行人接受，具有与数字平台和数字服务运营相关的非金融目的，是一种特定类型的加密资产。

此外，NFT、CBDC 不在《MiCA 法案》的监管范围之内，证券型代币也不受《MiCA 法案》的监管，而受证券法规的监管。

（二）限定日交易量和交易额

《MiCA 法案》要求单个 ART、EMT 的日交易量不得超过 500 万欧元，且当 ART、EMT 的市场价值超过 5 亿欧元时，发行人必须向监管机构报告并采取额外的合规措施。

《MiCA 法案》允许使用 EMT 进行加密资产交易和 DeFi 活动，但对 EMT 用于商品和服务支付做了不一样的限制。只有欧元稳定币才可用于日常商品和服务支付，以保护欧盟的货币，防止外币稳定币的发展影响欧盟货币体系。同时，对ART每天的使用规模也做了严格限制，当单一货币区域内的使用量超过100万笔交易或交易额达到2亿欧元时（季度平均值），必须停止该ART的发行。

二、明确发行人和服务商牌照要求

（一）分类实施不同的准入和许可要求

《MiCA法案》认为ART可能会被持有者广泛用于转移价值或作为交换手段，为保护持有者（特别是零售持有者）的利益和市场完整性，对ART发行人提出了更严格的要求。

《MiCA法案》明确了ART发行人的准入授权要求：ART发行人必须在欧盟建立法人实体；必须首先获得其母国指定监管机构的授权，且此类资产必须在加密资产交易平台上交易。但在ART发行人已经是信贷机构、未偿ART低于500万欧元、ART发行面向合格投资者等情形下，可以豁免准入授权。

对于EMT的发行人，《MiCA法案》要求必须被授权为信贷机构或电子货币机构，且符合《电子货币指令（第二版）》（简称EMD2）关于电子货币机构的要求。在未偿EMT金额不超过500万欧元的情形下，EMT发行人也可以获得准入授权豁免，但需要按规定发布白皮书。

对于ART、EMT之外的加密资产发行人，《MiCA法案》的要求集中在披露规则方面，但白皮书需要在ESMA（欧洲证券与市场管理局）注册。欧盟《MiCA 法案》对加密资产及其发行人的监管要求见表 7-1。

表 7-1　欧盟《MiCA 法案》对加密资产及其发行人的监管要求

资产分类	对加密资产及其发行人的监管要求
加密资产	加密资产发行人都需要制定、通知、发布白皮书； 每个成员国持有人少于 150 人的 ART 或 EMT，或仅面向合格投资者的发行，可以豁免发布白皮书； 总价值在 12 个月以内、不超过 100 万欧元的其他加密资产，免于发布白皮书
ART	发行人需要在欧盟注册，获得政府主管部门的许可； 发行人发布 ART 白皮书需要主管机构事先批准； 发行人需要满足最低资本要求（如发行量的 2%）、储备管理要求、治理机制要求，并制定风险处置和解决方案； 对重要资产参考代币的发行人有更高的监管要求
EMT	只有获批的电子货币机构或信贷机构，才能在欧盟发行电子货币代币； 发行人需要发布白皮书，且需要事先通知政府主管部门； 发行人需要满足最低资本要求、储备管理要求、治理机制要求等； 对重要电子货币代币的发行人有更高的监管要求
UTs 等其他加密资产	其他加密资产的交易准入，未涉及监管审批； 其他加密资产的白皮书需要在 ESMA 注册； 需要做好信息发布，遵守欧盟的消费者保护法规
算法型稳定币	算法型稳定币旨在通过协议、根据需求调整供给，从而维持与官方货币一个或多个资产的稳定价值，参照 ART/EMT 监管； 如果算法型稳定币发行人或交易商不打算通过参考一个或多个资产来稳定其价值，则应遵守《MiCA 法案》第二条的规定（大概率禁止发行）
NFT	包括数字艺术、数字收藏品、数字房产等，这类加密资产虽然可以在市场上交易，但并不容易互换，且相对于其他加密资产的价值不容易确定，限制了这些加密资产的金融用途，不受《MiCA 法案》监管约束
金融工具代币	包括存款代币、基金代币、证券代币、保险代币、养老金代币等； 这类加密资产按照"相同业务、相同风险、相同监管"和技术中立的原则，适用于已有的金融业务监管，不受《MiCA 法案》监管约束
CBDC	中央银行或货币当局发行的加密资产，包括央行数字货币，或其他公共机构发行的加密资产，不受《MiCA 法案》监管约束

（二）明确服务范围与服务提供商许可要求

《MiCA 法案》对加密资产服务的范围界定比较宽泛，主要涵盖以下方面的业务活动：代表客户提供加密资产的托管、加密资产交易平台运营、加密资产与法定货币的兑换、加密资产与其他加密资产的交换、执行加密资产订单、加密资产的投放、代表客户接收和传输加密资产订单、提供有关加密资产的建议、加密资产的投资组合管理，以及代表客户提供加密资产的转账服务。

在此基础上，《MiCA 法案》将任何通过商业方式提供加密资产服务的个人和实体归类为加密资产服务提供商（CASP[①]），拟提供加密资产服务的服务商需要在欧盟成员国之一注册办事处，并向注册办事处所在成员国的主管当局申请 CASP 授权。需要注意的是，在完全去中心化且没有任何中介的情况下提供的加密资产服务，不属于《MiCA 法案》的监管范围。

三、明确发行人和服务商经营要求

（一）将资本监管作为发行人经营监管的重中之重

《MiCA 法案》对 ART 发行人的信息披露与诚实经营、公司治理机制、内部控制机制、风险管理程序、储备资产管理和赎回等做了明确要求，并要求所有类型的加密资产发行人（UTs 和小

---

① CASP 仅适用于欧盟内部，遵循欧盟《MiCA 法案》框架下的监管要求，不仅涵盖 AML/CTF，还涉及市场诚信、消费者保护等方面。

型加密资产除外）都应发布白皮书。对于 EMT 发行人，则需要满足电子货币和支付工具机构的经营监管要求。

同时，为了应对 ART 广泛发行可能给金融体系稳定造成的冲击，《MiCA 法案》对 ART 发行人提出了具体的资本要求（本质上遵循与 ART 发行规模成比例的原则），要始终拥有至少以下金额中较高的自有资金：一是 35 万欧元；二是《MiCA 法案》第三十二条所描述的储备资产或发行代币平均金额的 2%；三是前一年固定间接费用的四分之一（如果 ART 发行人是信贷机构，则遵从信贷机构的资本监管要求）。对 EMT 发行人的资本要求是不低于 EMT 发行流通规模的 2%，还需要满足信贷机构或电子货币机构的资本监管要求。

此外，《MiCA 法案》参照系统重要性金融机构的监管，从客户数量、市值规模、交易规模、与传统金融体系的关联等方面，评价 ART 和 EMT 是不是"重要加密资产"，并对重要加密资产发行人施加额外的自有资金要求。

（二）对不同范围的服务提供商实施差异化监管要求

《MiCA 法案》为不同类型的加密资产服务提供商设定了差异化的最低资本要求，按照不低于以下标准或上一年固定管理费用的四分之一来执行：交易平台需要保持的最低永久资本（自有资本）为 15 万欧元；加密资产托管人和经纪人的最低永久资本为 12.5 万欧元；提供其他服务的 CASP 需要持有的最低永久资本为 50 000 欧元，每年对监管要求进行审查。《MiCA 法案》关于 CASP 的资本要求见表 7–2。

表 7-2 欧盟《MiCA 法案》关于 CASP 的差异化资本要求

CASP 类型	加密资产服务范围	最低资本要求
第Ⅰ类	CASP 被许可开展以下业务： · 代表客户执行订单； · 发行加密资产； · 代表客户提供加密资产转移服务； · 代表客户接收和传递加密资产订单； · 提供加密资产咨询； · 提供加密资产投资组合管理服务	50 000 欧元
第Ⅱ类	许可提供第Ⅰ类中的任何加密资产服务，并且： · 代表客户提供加密资产的托管； · 进行加密资产与资金的兑换； · 进行加密资产与其他加密资产的兑换	125 000 欧元
第Ⅲ类	许可提供第Ⅱ类中的任何加密资产服务，并且运营加密资产交易平台	150 000 欧元

同时，《MiCA 法案》还对不同的 CASP 提出了针对性的监管要求。例如，《MiCA 法案》要求加密资产托管人制定明确的托管政策、定期向客户传递资产情况、对网络攻击或故障等导致的客户资产损失承担责任，交易平台需要实施市场操纵等监测，公开买卖价格和交易深度，交易经纪商需要制定非歧视性的政策，顾问和投资组合经理需要根据客户风险承受能力和知识来评估是否开展加密资产投资。

四、加强发行人储备资产监管

（一）对储备资产托管和投向做了明确要求

为了保护 ART 的储备资产免受发行人和托管人的债权人索

赔，《MiCA 法案》要求 ART 的储备资产始终与发行人自身的资产完全隔离，发行人必须将储备资产交给合格信贷机构、投资公司或 CASP 单独保管，储备资产不得被发行人用于抵押或作为担保。一旦发生损失，托管人必须将与损失资产类型相同或价值相应的加密资产返还 ART 发行人，除非托管人能够证明自己可以豁免偿还责任。当发行人面临破产等情况，无法履行对持有人的义务时，储备资产应优先用于保障对 ART 持有人的赎回偿付。但当储备资产不能保障所有持有人按面值赎回时，应按照什么原则保障所有持有人的赎回权利，《MiCA 法案》还没有给出具体的要求。

对于 EMT 的储备资产管理，《MiCA 法案》要求发行人遵循 EMD2 和《支付服务指令（第二版）》（简称 PSD2）。储备资产在任何时候都不得与支付服务用户以外的任何自然人或法人的资金混合；储备资产应投资于与电子货币代币所参考的货币相同的货币计价资产，以避免跨货币风险；如果储备资产由支付机构持有，且在下一个工作日结束时不用于支付，应存入信贷机构的单独账户，或投资于该成员国主管当局确定的安全的、流动的低风险资产；EMT 发行人需要将储备资产与其他债权人的债权隔离，在发行人破产的情况下，确保 EMT 持有人得到优先偿付。

此外，《MiCA 法案》对加密资产发行人储备资产的投向与结构做了严格要求，一般的 ART 和 EMT 发行人需要将储备资产的 30% 作为存款存放在信贷机构（银行机构），重要的 ART 和 EMT 发行人需要将储备资产的 60% 作为存款存放在信贷机构。

（二）重点保障持有人的资产赎回权利

对于 ART，《MiCA 法案》要求发行人必须建立流动性机制，制订有序赎回代币的计划，以确保资产流动性和客户的赎回要求。如果 ART 的市场价格与储备资产的价值相差很大，即使发行人没有通过合同授予该权利，ART 持有人仍有权直接向发行人赎回 ART。但对持有人赎回 ART 的资金到账时限，《MiCA 法案》没有给出具体要求，而是需要跟进欧盟各成员国的具体要求。

对于 EMT，《MiCA 法案》要求发行人必须随时可以按面值赎回，以现金或贷方转账方式赎回持有 EMT 的货币价值，赎回条件必须在加密资产白皮书中说明，且赎回不应收取费用。如果 EMT 的发行人在 30 天内都没有满足 EMT 持有人的赎回请求，持有人可以求助于 EMT 资产的托管人和 / 或代表 EMT 发行人的分销商。

五、实施严格的加密资产反洗钱监管

（一）接受全面的反洗钱监管要求

《MiCA 法案》高度重视稳定币和加密市场可能产生的违法犯罪行为（如内幕交易、市场操纵等），要求所有 CASP 执行全面的反洗钱和反恐怖融资措施，包括：严格的 KYC 程序和交易监控，严格的 CDD（客户尽职调查）程序，监控可疑交易并向当局报告，以防洗钱和恐怖融资活动。

尽管 ART 和 EMT 是在开放系统上操作的代币，用户在使用时无须与发行人建立直接关系，但《MiCA 法案》仍然强调发行人要分析了解代币的使用情况，允许发行人实时查看持有代币的地址及其相关的转账行为（即持有期限与交易对象等）、跨多个区块链的总体交易量，以及涉及受制裁实体或司法管辖区的交易规模等，以防将代币用于非法活动。

（二）提高了反洗钱“旅行规则”要求

与《MiCA 法案》同时通过的《资金转移条例》，为加密资产反洗钱和反恐怖融资活动提供了更有针对性的要求。CASP 在转移加密资产时附带汇款人和收款人的有关信息，在缺少个人身份信息的情况下，不允许任何数量的加密资产在其 CASP 的账户间转移。相对于 FATF 为旅行规则设定的 1 000 欧元 / 美元门槛，《资金转移条例》的上述要求无疑更加严格。

此外，2024 年 12 月，EBA（欧洲银行管理局）正式宣布将欧盟的《旅行规则指南》扩展至 CASP 及其中介机构，要求包括：收集报告用户转移资金或加密资产的信息，确定交易是否与购买服务有关，监测可疑的加密资产交易；CASP 及其中介机构需要声明其多个中介和跨境转移政策。

六、对全球加密资产发展与监管的影响

《MiCA 法案》的实施，标志着全球加密资产市场从“自由发展”转向“合规竞争”，将对全球加密资产市场发展的结构、全球加密资产监管的走向，以及全球加密资产协同治理体系的建

设产生重要影响。

（一）推动全球加密资产市场发展的规范化与分层化

《MiCA 法案》在区分加密资产类型的基础上，对加密资产的发行人和服务商实施差异化的牌照准入和经营监管，并针对不同类型的发行人和服务商提出了差异化的资本和流动性要求，为加密资产市场主体的业务活动提供了规范的活动准则。

与此同时，考虑到《MiCA 法案》的监管要求较为严格，如在储备资产隔离托管、最低资本要求、反洗钱监管等方面都提出了高标准，提高加密资产市场经营的合规成本，有利于合规发行人和服务商（如 Circle 的 USDC）利用牌照壁垒巩固市场份额，同时加速不合规的加密资产发行人和服务商退出。

此外，《MiCA 法案》豁免完全去中心化加密资产的监管，但若 DEX 涉及法币兑换或托管服务，则仍需要纳入 CASP 监管，从而迫使去中心化加密资产交易平台限制欧盟用户访问，推动去中心化平台边缘化。对整个加密资产市场而言，这些最终将提高整个市场的集中度。

（二）为全球加密资产监管政策的制定提供参照

从国际监管组织的政策建议来看，2023 年 7 月，FSB 发布了关于全球稳定币监管的建议，即《加密资产业务和市场的监测、监督和监管的高级别建议》。其中，关于稳定币与加密资产发行人和服务商治理框架、风险管理、信息披露、储备资产管理、稳定币赎回等方面的建议，“相同业务、相同风险、相同监管”和技术中立的监管原则，也是《MiCA法案》的要求，从中或许可以看到相同规则的影子。

从监管当局的实践来看，欧盟各国的监管机构会根据《MiCA法案》的要求制定具体的实施政策，《MiCA法案》关于加密资产的分类、对于发行人和服务商的准入监管和经营要求、升级应用反洗钱监管旅行规则、对其他国家（地区）法币抵押型稳定币在实体交易支付中的限制等，也成为新加坡、日本等国家制定加密资产监管法规的重要参照。

因此，《MiCA法案》既开启了全球加密资产市场发展的合规化进程，又开启了全球加密资产市场监管的标准化进程。当然，在此过程中也会有一些国家（地区）降低监管要求（监管竞次），以推动本地加密资产市场建立发展优势。

（三）加快推进加密资产全球治理协同体系的建设

加密资产是全球化的，本质上是跨境的，相对于传统的银行业务和金融市场来说，加密资产市场的全球化程度更高，也更加迫切需要打造全球化的监管治理体系。2023年下半年以来，全球稳定币与加密资产市场步入快速发展轨道；根据Triple A的监测数据，2024年全球加密资产的持有者超过5.6亿人；进入2025年以后，加密资产的总市值大部分时间在3万亿美元以上，加密资产与传统金融体系、实体经济交易的融合快速推进，全球化的加密资产治理体系建设更加凸显。

目前，全球的加密资产监管处于各自为政的碎片化状态，国际监管组织还没有发布类似《巴塞尔协议》的稳定币与加密资产监管的国际标准，更不用说各国（地区）稳定币和加密资产监管体系建设的路线图和时间表。随着《MiCA 法案》在欧盟全面实施，接下来，预计 FSB 等国际监管组织将加快研究制定全球加密资产的统一监管标准以及协同治理机制。《MiCA 法案》明确提出，欧盟会继续支持通过国际组织或机构（如 FSB、巴塞尔银行监管委员会、FATF），促进对加密资产和加密资产服务的全球协同治理。

第二节 阿联酋稳定币监管的双层架构

2025 年以来，阿联酋在推动稳定币和加密资产创新发展上动作频繁，引发了国际社会和加密资产市场的广泛关注。2 月 24 日，稳定币发行人 Circle 旗下的稳定币 USDC 和 EURC（欧元稳定币）成为迪拜首批获批的稳定币；3 月 6 日，阿联酋国民银行获批通过其数字银行平台推出的加密资产交易服务；3 月 13 日，加密资产公司 Ripple 获批在阿联酋提供跨境加密支付服务；3 月 17 日，DFSA（迪拜金融服务管理局）推出代币化监管沙盒；3 月 20 日，DLD（迪拜土地局）宣布启动中东地区首个房地产代币化试点项目。

事实上，阿联酋是推动稳定币与加密资产规范创新发展的先行者之一，早在 2020 年就制定了专门的加密资产监管法规，近年来在加密资产监管上探索出独特的模式，即联邦统筹监管框架

（明确底线）+ 地方灵活创新发展（试点创新探索），实现了支持创新发展与保障金融安全的有机统一，对稳定币和加密资产发行交易机构产生了极大的吸引力，值得借鉴。在监管机制的推动下，阿联酋的稳定币与加密资产市场发展呈现出良好的供需联动发展态势。2024 年的加密资产持有率超过 25%，位居全球之首，未来发展备受期待。

一、联邦层面的监管框架

阿拉伯联合酋长国是由 7 个酋长国组成的联邦国家，其稳定币与加密资产监管机制具有鲜明的“联邦 + 酋长国”双层机制。在联邦层面，阿联酋中央银行和阿联酋证券及商品监管局制定了稳定币、加密资产监管法规，对加密资产按照证券产品监管，对稳定币参照支付工具监管，明确了风险管理与合规发展的底线。

（一）SCA 参照证券属性对加密资产实施监管

SCA（阿联酋证券及商品监管局）负责统筹阿联酋的证券、商品及加密资产市场监管，制定反洗钱、消费者保护等统一规则。SCA 将加密资产定义为用于投资目的、可进行数字化交易的价值表现，不包含法定货币、证券以及其他数字货币。在加密资产交易方面，SCA 的监管对象包括加密资产交易的平台、提供加密资产托管服务的授权人、加密资产中介等，其加密资产不由任何主权国家或者司法管辖区发行或担保，仅通过加密资产用户社区的协议履行监管职责。

SCA 近年来逐步修订并明确了监管边界，以在联邦统一监管、各酋长国（尤其是金融自由区）监管独立性和创新需求之间寻求平衡。2020 年 11 月，SCA 在联邦层面发布了《虚拟资产活动条例》（简称 CAAR），涉及 ICO（首次代币发行）、交易所、平台市场、托管服务和衍生品等服务，其主要监管要求包括：加密资产服务提供商必须在阿联酋境内或金融自由区注册成立；加密资产服务提供商必须获得 SCA 的批准与许可。2021 年，SCA 进一步规范了加密资产交易活动的责任范畴，明确 SCA 的监管范围不包括 ADGM（阿布扎比全球市场）和 DIFC（迪拜国际金融中心）这两个金融自由区，以及阿联酋中央银行的监管业务。2024 年 9 月，SCA 与 VARA（迪拜加密资产监管局）签署合作协议，进一步厘清两个机构在监管中的角色和关系，要求来自迪拜的加密资产服务提供商向 VARA 申请牌照，而其他酋长国的加密资产服务提供商则需要向 SCA 申请牌照。

（二）CBUAE 参照支付工具对稳定币实施监管

CBUAE（阿联酋中央银行）负责监管支付代币和稳定币。2024 年 6 月，阿联酋中央银行发布《支付代币服务条例》，明确了“支付代币”（稳定币）的定义：一种旨在通过参考法定货币或以相同货币计价的另一种支付代币的价值，来维持稳定价值的加密资产。同时，该条例涵盖了支付代币（稳定币）的发行、转换、保管和转移等主要活动，这些被统称为“支付代币服务”，并被纳入监管。阿联酋新的加密资产法规规定，该国的企业和商家只能接受与迪拉姆挂钩的稳定币作为商品和服务的支付方式。

该条例几乎适用于整个阿联酋，除了 DIFC 和 ADGM。

一是对稳定币实施支付代币服务主体牌照管理。《支付代币服务条例》要求，任何个人或实体在阿联酋境内提供支付代币服务（稳定币支付），均需要获得 CBUAE 的许可或进行注册。具体而言，迪拉姆支付代币服务需要申请许可，并将 100% 的储备资产托管在阿联酋持牌的银行。许可证仅颁发给在阿联酋注册成立的公司（不包括金融自由区内的公司），未在阿联酋注册但位于阿联酋的实体（包括 DIFC 和 ADGM 实体）可申请境外支付代币发行人注册。此外，获得 VARA 颁发的许可证的企业也需要遵守该条例。

二是对稳定币发行人和服务商实施明确的资本监管要求。《支付代币服务条例》从多个方面明确了稳定币发行人的经营要求：在资本方面，对于持牌支付代币的发行人提出了严格的资本要求，包括初始及持续资本为 1 500 百万迪拉姆，以及额外持续资本的金额至少相当于未偿支付代币法定货币面值的 0.5%；对于持牌托管人、转让人及支付代币转换服务提供者，其月平均支付代币转让价值大于 1 000 万迪拉姆和小于 1 000 万迪拉姆时，分别设定了 300 万迪拉姆和 150 万迪拉姆的监管资本要求。此外，该条例还要求发行人实施资本充足率、流动性风险、内部控制等管理。阿联酋稳定币与加密资产监管框架见表 7–3。

表 7–3　阿联酋稳定币与加密资产监管框架

监管机构	牌照类型	业务范围	监管区域
SCA	VASP 牌照	提供加密资产交易和管理服务	阿联酋（除了 DIFC 与 ADGM）

续表

监管机构	牌照类型	业务范围	监管区域
CBUAE	代币发行服务（Payment Token Issuing）	设计并发行与法定货币挂钩的稳定币	阿联酋（除了DIFC 与 ADGM）
	代币兑换服务（Payment Token Conversion）	与法定货币或其他加密资产进行双向兑换操作	
	代币托管与转移服务（Payment Token Custody and Transfer）	稳定币托管服务	
VARA	加密资产发行服务（Category 1 VA Issuance）	加密资产 ICO 或其他形式的代币分发活动	迪拜（除了DIFC）
	加密资产交易服务（Exchange Services）	运营加密资产交易平台	
	加密资产托管服务（Custody Services）	提供加密资产的托管服务，确保其安全	
	加密资产转移和结算服务（Transfer and Settlement Services）	促进加密资产的转移和结算	
	加密资产借贷服务（Lending and Borrowing Services）	促进加密资产的借贷	
	加密资产管理和投资服务（Management and Investment Services）	代表客户管理、投资或处置加密资产	
	加密资产经纪服务（Broker-Dealer Services）	促进加密资产的买卖	
	加密资产咨询服务（Advisory Services）	就加密资产相关事宜提供建议	
FSRA	金融服务许可（FSP）	提供加密资产交易和管理服务	阿布扎比全球市场自由区（ADGM 区域）

续表

监管机构	牌照类型	业务范围	监管区域
DFSA	金融服务牌照	经纪商服务、加密资产咨询服务、交易所或多边交易、加密资产托管、加密资产管理、作为委托人进行投资交易等	迪拜国际金融中心自由区（DIFC 区域）
	授权市场机构（Authorised Market Institution，AMI）	DIFC 区域内的交易所、清算所	
	STO	DIFC 区域内的证券型代币发行与交易	

二、酋长国层面的监管机制

在地方层面，各酋长国及辖内金融自由区可在联邦授权下，设计特色化的监管要求和创新机制，如迪拜、阿布扎比等都推出了与本地区发展相适应的监管机制。

（一）VARA 负责迪拜金融自由区以外其他区域的加密资产监管

VARA（迪拜加密资产监管局）是全球首个专门设立的加密资产监管机构。2022 年 3 月，迪拜通过《加密资产监管法》并成立 VARA，该机构与 DWTCA（迪拜世界中心管理局）挂钩。由此，迪拜成为世界上第一个，也是唯一一个专门设立加密资产监管机构的司法管辖区。VARA 的职责范围包括根据 SCA 和 CBUAE 的加密资产相关法规，对整个迪拜的加密资产服务提供商（包括加密资产交易所、加密资产风险投资基金、NFT 平台等）进行监管，并针对加密资产业务建立批准和许可制度，但 DIFC 金融自由区不受 VARA 的管辖。

VARA 承担自治监管机构的角色，确保加密资产服务提供商的合规性。VARA 作为自治监管机构，拥有独立的法律地位和财务自主权，并有权保护和监管加密资产服务的利益相关者。根据法规，从事加密资产相关活动的所有主体必须获得 VARA 的许可。VARA 规定了公司治理、合规与风险管理、技术与信息、市场行为四大强制性规则，制定了特定活动的规则手册（包括咨询、经纪交易商、托管、交易、借贷、支付、汇款，以及管理和投资），为市场主体提供行为指引。VARA 的目的在于促进阿联酋成为加密资产及相关服务的区域中心和国际中心，提高对加密资产服务和产品领域投资的认识，推动该领域的创新，鼓励在加密资产领域经营的公司在阿联酋开展业务，等等。

（二）DFSA 负责迪拜自由贸易区的独立监管机构

DFSA（迪拜金融服务管理局）在加密行业的监管是通过两项关键政策来实现的。DFSA 是阿联酋的独立监管机构，负责监管在 DIFC 注册的实体。2021 年 10 月，DFSA 发布投资代币制度（Investment Token Regime），为投资代币（如证券型代币或衍生代币）建立了初步的监管框架。投资代币被定义为权利和所有权的数字表示，旨在确保在 DIFC 区域内营销、发行、交易或持有投资代币的机构遵循必要的合规要求。2022 年底实施加密代币制度（Crypto Token Regime），不仅针对与交易、清算、持有或转让加密代币有关的反洗钱和反恐怖融资风险，还针对与消费者保护、市场诚信、托管和服务提供商财务资源有关的风险，进一步规范了加密资产行业和市场。

DFSA 限定了能够接受虚拟货币的种类。只有“被接受的加密资产”（Accepted Crypto Token）才能被纳入监管，并在 DIFC 使用和流通，以减轻加密资产高风险对于现有金融市场的冲击。2022 年，DFSA 认可三种代币，包括比特币、以太坊和莱特币；2023 年又补充两种代币，即 Toncoin 和 XRP。除此之外，其他类型的加密资产，如实用型代币和 NFT 都被明确排除在金融监管范围之外。

（三）FSRA 负责阿布扎比金融自由区的独立监管机构

FSRA（金融服务监管局）负责监管 ADGM 自由区。FSRA 于 2020 年发布了协调 ADGM 区域内数字证券运营的文件，并出台《关于加密资产活动监管的指导意见》。该指导意见明确了加密资产提供商的规范要求，包括资本先决条件、人员控制、反洗钱和客户尽职调查等合规措施。ADGM 在 2023 年引入了针对 DAOs 和其他加密资产实体的正式监管框架，允许 DAOs 合法运营并向成员发行代币。

FSRA 的金融科技沙盒是推动创新的关键举措。该沙盒为企业提供了一个受控环境，在这里，企业可以测试其加密产品和服务。通过这一沙盒，企业不仅能够快速推进创新，还能确保新产品符合 ADGM 的监管要求，有效地保护市场参与者的利益。加入沙盒的企业可以在低风险的环境下开发和测试新技术，同时获得 FSRA 的实时反馈，帮助其优化产品并探索市场机会。

FSRA 将发布基于 FRT（法币参考代币）的稳定币框架，给 ADGM 带来更加开放与创新的稳定币监管环境。FSRA 于 2024 年发布的第 7 号咨询文件，提出了基于 FRT 的稳定币监管框架。FRT 是一种与法定货币挂钩的加密资产，允许持有人赎回等量法定货币。然而，现有规则手册的限制使 FRT 的有效发行受到阻碍。为此，FSRA 计划修订相关规则，允许代币在支付服务、投资服务等多个场景应用，从而支持稳定币的广泛使用。这标志着 ADGM 在稳定币监管方面的进一步开放与创新。

三、阿联酋加密资产市场的发展趋势

阿联酋作为中东地区的重要金融中心，凭借独特且灵活的监管机制以及快速增长的需求，吸引了全球众多加密市场主体的关注。中国与阿联酋的投资贸易关系不断拓展，其中，稳定币和加密资产业务机会同样值得重点关注。

（一）双层监管机制为创新发展提供探索空间

阿联酋已经制定了清晰的稳定币和加密资产监管法规，为加密资产服务提供了明确的指引，政策具有较高的确定性。同时，通过“联邦统筹 + 自由区试验”的灵活机制，阿联酋各个监管机构（如 SCA、DFSA、VARA 等）在分工合作中有效地确保了金融稳定，并为创新发展提供了适宜的环境。例如，CBUAE 仅允许推出迪拉姆稳定币，在2024年10月批准了本地企业AED Stablecoin LLC推出的迪拉姆支持的稳定币AE Coin。2025年2月，DFSA批准了Circle的USDC和EURC作为DIFC区域内公认的加密资产代币。同年3月13日，Ripple获得DFSA的全面监管批准，可在阿联酋提供跨境加密支付服务。3月17日，DFSA为提供代币化投资产品和服务的公司推出代币化监管沙盒，符合条件的服务包括代币化股票、债券、伊斯兰债券以及集体投资基金，为企业创新做好了全面授权的准备。这些体现出迪拜金融自由区独立监管框架的优越性和吸引力。

（二）对稳定币的需求在快速增长

迪拉姆与美元挂钩的汇率政策，吸引了大量的国际资本流入，特别是来自俄罗斯、伊朗等地区的富裕人士。阿联酋对Web3.0和加密资产公司的积极监管政策，吸引了Binance、Crypto.com、Kraken等国际知名加密资产交易所入驻，巩固了其在全球DeFi和加密资产活动中的领导地位。Triple A的统计报告显示，2024年，阿联酋的加密资产持有率超过30%（全球加密资产的平均持有率为6.9%），位居全球之首（见图7–1）。Chainalysis的数据显示，2023年7月至2024年6月，阿联酋获得了超过300亿美元的加密资产，跻身全球前40名，成为中东和北非地区第三大加密资产经济体。这一趋势证明了阿联酋加密资产生态的全面性。

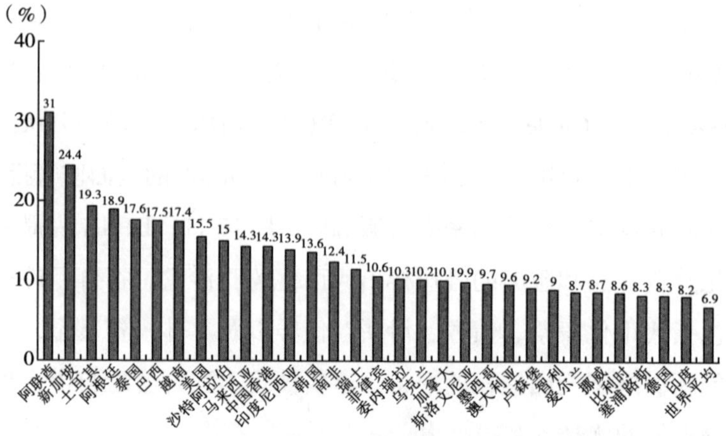

图 7-1　阿联酋加密资产持有率位居全球经济体之首

（三）加密资产生态在快速完善

在监管机制、技术完善、政策推动的支持下，阿联酋的企业居民、金融机构和政府部门也积极探索采用区块链技术和加密资产，加密资产与金融体系、实体经济呈现出明显的融合发展趋势。在金融机构方面，2025 年 3 月 6 日，阿联酋国民银行获批通过其数字银行平台推出加密资产交易服务，用户可在该平台购买、出售和交易加密资产，该业务由本地加密资产公司 Aquanow 提供技术支持，由渣打银行子公司 Zodia Custody 负责托管服务。在政府部门方面，阿布扎比投资局、迪拜金融服务管理局等发起了自己的区块链项目，以提升效率和降低成本。3 月 20 日，DLD 联合 VARA、DFF（迪拜未来基金会）共同开发启动房地产代币化试点项目，成为中东地区首个利用区块链技术管理产权证明的房地产登记机构。DLD 预计，到 2033 年，代币化房地产交易额将达到 600 亿迪拉姆（约合 160 亿美元），占房地产交易总量的7%。在实体投资方面，2025年3月，阿布扎比支持的投资集团MGX使用稳定币，向全球最大加密资产交易所Binance进行了20亿美元投资，以推动区块链技术、人工智能解决方案、去中心化金融以及代币化数字经济的发展。

当前，全球主要国家和地区都在积极制定稳定币与加密资产的监管政策，完善配套的监管机制。欧盟《MiCA法案》已经付诸实施，美国正在加快制定稳定币与加密资产监管法案，阿联酋作为全球稳定币与加密资产监管的先行者之一，探索走出“联邦明确底线＋地方试点创新”的独特监管模式，较好地实现了支持创新发展与保障金融安全的有机统一。中国的金融改革一直采用“试点先行、积累经验、逐步推广”的模式，后续可以重点跟进阿联酋监管模式的运行效果，及时评估、调整当前的稳定币与加密资产政策。

第三节 美国《天才法案》的战略意图

2025年6月，美国参议院通过了《天才法案》，并转交至众议院审议。从《天才法案》的核心内容来看，美国新一届政府的加密资产政策框架已经回到“支持创新规范发展”的主线，该法案比较清晰地反映了美国主导全球稳定币市场发展的意图，既要实现美元稳定币主导，也要实现美国发行人主导。

一、限制境外实体发行

《天才法案》明确提出，“支付稳定币”是加密资产，发行目的是用于支付或结算，可按固定面值（如1美元）兑换，不是证券或者商品。同时，该法案对支付稳定币发行人提出了要求——必须是美国注册实体，且属于以下三类机构之一：一是受保存款机构的子公司，二是联邦批准的非银行实体，三是州一级批准的发行实体。对于境外发行人进入美国市场，该法案给出了严格的限制条件：必须通过OCC（美国货币监理署）注册并满足严格的合规要求。OCC在决定是否批准境外实体的发行注册时会考虑多个因素，包括评估境外发行人所在地的监管框架是否具备可比性、发行人在美国运营的财务和管理资源、向OCC提交的信息、潜在的金融稳定风险以及非法金融风险。同时，法案还提出与境外发行人监管当局实施互惠政策，即境外监管当局支持美国发行实体在该国（地区）发行美元稳定币。

尽管要求稳定币发行人本地化是全球稳定币监管的趋势，但美国的要求还是存在很大不同。欧盟、阿联酋等地出台的稳定币法案，在要求稳定币发行人在本国或本地区设立实体的同时，也对稳定币的使用范围和金额做出了限制。例如，欧盟《MiCA法案》规定，只有欧元稳定币可以用于日常商品和服务支付，同时当ART在单一货币区域的日交易量超过100万笔或交易额达到2亿欧元时，该ART的发行必须停止。但美国《天才法案》对稳定币发行人提出本地化要求的同时，并未对稳定币的支持货币、使用范围和规模进行限制。这背后的原因是，当前美元稳定币在全球稳定币市场的占比超过了95%，发行人在美国自然会发行美元稳定币，且稳定币在日常商品服务交易中的使用不会弱化，反而会强化美元主权和国际地位。

受法案支持稳定币发行人本地化的影响，全球头部稳定币发行人和加密资产交易所已纷纷前往美国设立实体。近期，全球最大的稳定币 USDT 的发行机构 Tether 明确表示，正在积极考虑创建一种新的、在美国注册的稳定币。加密资产支付平台 MoonPay 宣布在纽约设立新的美国总部，作为美国业务运营的核心枢纽。在此之前，OKX 在推动中心化加密交易所和钱包在美国上线时，在加州设立了区域总部。此外，Crypto America 披露，至少已有 15 家加密资产和金融科技公司正在向 OCC 申请银行牌照，以便未来在美国合规开展业务。

二、储备资产美元化

《天才法案》要求，稳定币必须拥有 1∶1 的美元或高流动性资产支持，并在透明度上要求每月公开披露储备资产的规模和结构，市值超过 500 亿美元的发行人需要提交经审计的年度财务报表，发行人不得将储备资产进行质押、再抵押或重复使用，包括使用储备资产赎回稳定币以及作为回购和逆回购的抵押品等。同时，为了确保用户可以随时赎回法币，法案要求联邦和州监管机构为稳定币发行人制定合适的资本、流动性和风险管理规则，且不受传统银行资本监管标准的约束。

更为重要的是，法案对储备资产的美元化做了明确要求。美国稳定币发行人的储备资产投向包括美元现金、美国银行或受美国监管的外资银行的存款、短期美国国债、美国国债支持的短期回购协议、美元货币市场基金等，这些都是期限较短、流动性较高的美元金融资产。同时，《天才法案》不同于欧盟《MiCA 法案》关于稳定币储备资产中的银行存款占比不能低于 30%（重要的稳定币不能低于 60%）的要求，它对稳定币储备资产中的银行存款、美国国债的占比并没有给出明确限制。各国（地区）要求本币稳定币的储备资产只能投向本币计价的金融资产，这是为了防范稳定币与储备资产的货币错配风险。《天才法案》的上述要求表明，尽管没有明确要求在美国必须发行美元稳定币，但其实质支持的还是美元稳定币。上述针对储备资产投向的要求，既顺应当前稳定币储备资产投资的市场趋势，又强化了“美元—美元稳定币—美国国债等金融产品”的新美元循环。

三、两类监管牌照

《天才法案》要求支付稳定币发行人必须是美国注册实体，且必须是获得联邦或州一级许可的以下三类机构之一：受保存款机构的子公司、联邦批准的非银行实体、州一级批准的发行实体。稳定币发行人选择州一级还是联邦一级监管机构审批监管，主要取决于其发行规模。如果稳定币发行规模低于 100 亿美元，则发行人可以选择州一级监管机构审批监管（包括州审批的稳定币发行人和州监管的银行机构）；如果稳定币发行规模超过 100 亿美元，则发行人必须接受联邦监管机构审批监管（具体分类为美联储监管的存款机构，非银行发行人则适用于 OCC 的监管框架），或在联邦监管机构拥有备用执法权的前提下接受州一级监管。此外，对于境外发行人进入美国市场，该法案要求必须通过

OCC 注册。

以上监管安排既明确划分了联邦和州两级监管机构在稳定币监管方面的职责和管辖范围，又在美国现有的监管体系下为初创公司提供了州一级监管试验的空间，有助于美国形成多元的稳定币竞争发展格局。

州一级牌照审批有助于促进小型稳定币发行人的创新和市场多样化发展，但背后的合规成本值得关注。依据美国现行的金融监管制度，一方面，州政府审批的金融机构如果要实施区域经营，就需要获得其他州的批准。例如，MTL（货币转移服务商）是州政府发放的牌照，一个机构在一个州申请了 MTL，如果到别的州开展业务，还需要获得当地的批准。另一方面，MTL 牌照持有人需要向 FinCEN 申请 MSB（货币服务业务牌照），履行反洗钱义务。在这样的监管制度下，美国的支付稳定币发行人未来需要遵守与“MTL+MSB”类似的牌照管理要求。但稳定币交易本身是全球化、去中心化的，这意味着稳定币发行人为了满足不同地区客户的需求，需要申请各个州的牌照，合规成本相对较高。例如，前期 Circle 为了在美国发行稳定币 USDC，既申请注册了 FinCEN 的 MSB 牌照，也持有多个州的 MTL 牌照。

四、与金融体系融合

在主体类型上，法案的要求比较宽松。根据《天才法案》，美国的支付稳定币发行人可以是：享受存款保险的银行机构或信用合作社（通过其子公司发行），联邦批准的非银行支付机构（包括科技公司和金融科技初创公司），州政府批准的发行实体。

有观点认为，宽松的发行主体要求可能会分流支付机构、银行机构的业务，从而存在利益冲突；也有观点认为，美国既支持非银行机构发行稳定币，也支持银行机构、支付机构发行稳定币，这可以推动金融机构与稳定币融合发展。

将这一要求与前面的限制境外发行人、强化储备资产投向结合起来可以看出，美国的战略意图是要推动美国实体发行美元稳定币，推进稳定币与金融体系的融合发展，以此强化美元在全球货币体系的主导地位。2024 年 8 月，特朗普明确对外提出，如果美元失去作为世界主导储备货币的地位，后果将会比输掉任何一场战争都更严重。2025 年 1 月，特朗普在就任美国总统后签署的行政命令中，明确要求采取行动促进美元稳定币的发展和增长，以此促进和保护美元。

2025 年以来，美国稳定币与传统金融体系的融合发展正在全面推进。一方面，稳定币发行人与支付机构的合作不断拓展，美国的在线支付机构 PayPal、Stripe 已经推出稳定币支付，Visa、万事达卡也与稳定币发行人、加密资产交易所合作推出稳定币支付。另一方面，银行机构纷纷入局稳定币业务，摩根大通早在 2019 年就推出了自己的稳定币——摩根币。近期，美国银行、花旗集团、富国银行等美国大型银行机构开始探讨发行联合稳定币的可能性，一些地区性银行和社区银行正在考虑是否成立独立的稳定币财团。此外，具有全球系统重要性的纽约银行梅隆公司扩大了对稳定币发行人 Circle 的服务，允许客户通过该银行向 Circle 收付款，用于购买或出售 Circle 的稳定币。

此外，《天才法案》对大型科技公司发行稳定币也提出了严格的要求。法案禁止主营业务为非金融服务的大型上市公司发行稳定币，除非满足严格的金融风险、消费者数据隐私和公平商业行为标准，并获得新成立的 SCRC（稳定币认证审查委员会）的一致批准，才可以发行稳定币。在这一要求的背后，美国一些民主党议员担心科技公司已经掌握大量用户数据，如果再大规模发展稳定币支付服务，就会带来新的市场垄断、隐私保护和金融风险防范难题。但美国民主党关注的这些问题，在支付公司、银行机构发行稳定币时同样存在，其最终能否在法案中保留下来以及后面如何具体实施，尚存在不确定性。

五、对发行人的技术要求

为维护金融稳定和保护消费者权益，《天才法案》针对稳定币发行人给出了明确的资本、流动性和风险管理要求，并明确提出保护稳定币持有者在发行人破产时的优先求偿权，也增加了 FSOC（金融稳定监督委员会）在年度金融稳定报告中评估稳定币相关风险的要求。更为重要的是，法案要求发行人具备相应的技术能力，以遵守扣押、冻结、销毁或阻止已发行稳定币转移的监管要求和行政命令。

稳定币基于区块链发行和交易，具有去中心化、全球化、交易不可撤销等特征，这意味着其中的反洗钱和反恐怖融资等非法金融活动监管形势非常复杂。从欧盟、新加坡、中国香港等国家和地区的监管政策来看，将针对传统金融机构和证券交易所的反洗钱和反恐怖融资要求移植到稳定币、加密资产领域，遵循全球金融行动特别工作组的标准，执行旅行规则，这些已成为全球趋势。

但在此基础上，美国《天才法案》体现了利用新兴技术防范稳定币交易背后潜在的非法金融风险活动的监管理念。一方面，法案将发行人作为反洗钱和打击非法金融活动的“第一责任人”，强调所有稳定币发行人要具有根据监管要求打击非法金融活动的技术能力，并给出了相关的民事罚款与刑事处罚。另一方面，“监管不能落后于技术创新应用”，要求美国 FinCEN 在制定针对加密资产活动新的反洗钱规则时，开发新工具以监测非法加密活动，审查发行人合规计划，要求发行人正式证明其拥有有效的反洗钱和制裁框架。在此之前，美国证监会明确表示支持监管沙盒机制，评估稳定币、债券代币化等风险与监管工具的适用性。

六、对中国的启示

尽管《天才法案》还需要经过美国众议院的审议，一些条款可能会进一步修改，在执行过程中也会面临不少挑战，但考虑到法案的主体内容与众议院提出的《稳定币法案》具有一致性，美国支持稳定币合规创新发展的政策主线不会轻易发生改变，利用美元稳定币支持并强化美元在国际货币体系中的意图较为明显。与此同时，《天才法案》要求稳定币发行人与监管部门利用技术创新来防范潜在风险，用发展的眼光规范稳定币发展，体现了极强的“技术中性”理念，同样值得关注。

与此同时，稳定币市场规模、使用人数不断增长，与支付体系、银行机构和资本市场的融合发展不断拓宽，全球稳定币政策已经发生了显著变化。目前，欧盟、日本、新加坡、阿联酋、中国香港等国家和地区已经出台规范稳定币创新发展的法案。

2025 年以来，除了美国，还有英国、澳大利亚、韩国等主要国家宣布了相关立法计划。全球对于稳定币的政策考虑不再是要不要发展的问题，而是怎么发展的问题。各个稳定币监管框架有相似点，不同的是对防范风险和支持创新关注程度的差异。

在这样的市场发展和政策趋势下，建议国内相关部门重新评估和设计稳定币发展政策。这首先需要对稳定币的业务模式、功能定位、稳定属性，稳定币与央行数字货币的关系，以及稳定币对货币主权、货币国际化和非法金融活动的影响等，进行深入客观的分析，全面客观地把握稳定币的功能表现、潜在风险、当前需要和长远价值。在此基础上，再结合中国国情，设计推出人民币稳定币的发展方案和政策框架。

作为发展稳定币的起点，应当尽快在香港试点推出离岸人民币稳定币。香港是离岸人民币交易中心，近年来离岸人民币数量不断增长，发行离岸人民币稳定币具有较好的市场基础。2025 年 8 月，香港发布《稳定币条例》，建立了比较完善的稳定币与加密资产监管框架，为离岸人民币稳定币的发行交易提供了制度保障。

当前，香港已将发展稳定币与加密资产服务作为提振香港国际金融中心地位的重要手段，但香港长期实行锚定美元的联系汇率制度，港币已是传统意义上的美元稳定币，港元稳定币的市场需求相对有限。香港打造国际加密资产交易中心，也需要人民币稳定币作为支撑。在香港积累经验和完善监管机制后，我们可以按照“先境外离岸，再境内离岸”的渐进模式，推动离岸人民币稳定币从香港逐步向内地自贸区和自贸港发展，为人民币国际化提供新引擎。

第四节　中国香港稳定币监管的平衡之路

2025 年 8 月 1 日，中国香港《稳定币条例》正式生效，香港金融管理局于 7 月 29 日发布的《持牌稳定币发行人监管指引》《打击洗钱及恐怖分子资金筹集指引（持牌稳定币发行人适用）》随之实施。在政策思路上，香港稳定币监管是其整个加密资产（数字资产）监管框架的一部分，体现了香港在加密资产监管上鲜明的创新发展与合规安全平衡特征。在发展规划上，2025 年 6 月，香港特区政府发布《香港数字资产发展政策宣言 2.0》（以下简称《政策宣言 2.0》），明确了建设全球领先数字资产中心的愿景，香港稳定币监管也需要服务于这一发展需要。

在此背景下，不同于欧盟注重风险防控、美国注重创新发展的监管导向，中国香港的稳定币监管走出了一条折中之路，在稳定币类型、发行人准入、发行人经营管理、储备资产投资管理、反洗钱等非法金融活动防控方面体现出自己的差异化要求，以求更好地平衡“支持创新规范发展”与“防范金融风险”，而且在发展初期更加注重稳慎起步和防范洗钱风险。

一、香港加密资产监管的演进之路和制度框架

对于加密资产的监管，香港采取了边走边看、渐进优化的政

策思路，始终注意创新发展与合规安全的平衡（见表 7-4）。

表 7-4 香港加密资产监管政策的演进历程

时间	事件描述
2017.09	香港证监会发布《有关首次代币发行的声明》，将证券型代币纳入监管
2018.11	香港证监会发布《有关针对虚拟资产投资组合的管理公司、基金分销商及交易平台营运者的监管框架的声明》，将虚拟资产投资组合管理公司纳入发牌监管
2019.11	香港证监会发布《监管虚拟资产交易平台立场书》，要求虚拟资产交易平台申请牌照
2021.05	香港金管局与香港特区政府财经事务及库务局就香港 VASP 发牌制度展开公众咨询
2021.06	香港金管局启动“数码港元”项目研究，探索香港发行零售层面央行数字货币的可能性
2022.01	香港金管局发布关于加密资产和稳定币的讨论文件，提出稳定币监管框架构想
2022.10	香港特区政府财经事务及库务局发布《有关香港虚拟资产发展的政策宣言》，要求促进香港虚拟资产行业可持续和负责任地发展
2022.12	香港特区立法会通过《2022 年打击洗钱及恐怖分子资金筹集（修订）条例》，确立 VASP 发牌制度
2023.06	香港虚拟资产交易平台发牌制度生效
2023.10	香港证监会与香港金管局发布《有关中介人的虚拟资产相关活动的联合通函》，允许持牌券商、银行向专业投资者提供虚拟资产服务
2024.02	香港特区政府发布《有关规管虚拟资产场外交易的立法建议》的公众咨询文件，拟设立新的由香港海关及税务局作为监管机构的虚拟资产场外交易服务提供者发牌制度
2024.03	香港金管局启动稳定币沙盒测试，为企业提供测试监管环境
2024.07	香港金管局公布稳定币沙盒参与者名单［如京东币链、圆币创新科技、渣打银行（香港）等］
2024.08	香港金管局正式启动 Ensemble 项目，通过 wCBDC（批发型央行数字货币），支持香港代币化市场发展
2024.12	香港特区政府发布《稳定币条例草案》，启动立法审议
2025.02	香港证监会发布虚拟资产市场监管路线图“A-S-P-I-Re”

续表

时间	事件描述
2025.05	香港特区立法会三读通过《稳定币条例草案》，确立法币抵押型稳定币的发牌制度
2025.06	香港特区政府财经事务及库务局发布《香港数字资产发展政策宣言2.0》，重申将香港打造成数字资产领域的全球创新中心
2025.07	香港金管局发布《持牌稳定币发行人监管指引》《打击洗钱及恐怖分子资金筹集指引（持牌稳定币发行人适用）》
2025.08	香港《稳定币条例》正式生效

2017 年之前：处于比特币等加密货币发展的早期阶段，香港监管机构持谨慎的观望态度，主要依赖风险提示。2013 年 12 月，香港金管局指出，比特币等加密货币不属于法定货币，不受香港金管局监管，但香港现行法律可以制裁牵涉比特币的盗窃、欺诈或洗钱等违法行为，并表示香港金管局会密切留意比特币在香港的使用情况，以及境外监管要求等相关发展。香港证券及期货事务监察委员会也发布投资者警示，强调加密货币的高波动性和欺诈风险，但尚未出台专门的监管规则。

2017—2021 年：全球掀起加密货币投资和发币热潮，欺诈和非法集资案件不断涌现，香港对加密货币的监管以间接监管为主。从 2017 年开始，全球掀起加密货币投资热潮，比特币价格大幅上涨，众多项目开始通过 ICO 筹集资金，但其中的欺诈和非法集资风险开始暴露。在此期间，香港监管部门认识到虚拟资产将成为金融市场的重要组成部分，监管模式从风险提示转向业务规范，在用监管声明、监管立场书等明确表达监管态度的同时，也开始探讨加密资产业务具体的监管规范。对于加密市场的参与方，香港开始探索引入牌照监管，建立制度化的监管体系，但以“自愿参与”为原则，市场主体若选择接受监管，则需要主动申请牌照并自证符合标准。此外，香港证监会探索数字资产监管模式，推出虚拟资产交易平台监管沙盒，强化 AML 和 KYC 要求。

2022 年以来：加密市场不断爆发重大风险案件，香港加快完善监管框架，规范加密资产市场的创新发展。2022 年 3 月，区块链游戏 Axie Infinity 的侧链 Ronin Network（它是 Axie Infinity 的重要基础设施）遭到攻击，黑客窃取了17.36万枚以太币和2 550万枚 USDC；2022 年 5 月，算法型稳定币项目 UST 出现“死亡螺旋”；2022 年 11 月，当时的全球第二大加密货币交易所 FTX 宣布破产，资产负债缺口高达 90 亿美元，波及 100 多万债权人。全球加密市场重大风险频发，推动香港特区政府加快完善加密资产市场监管框架，实施针对性监管。2022 年是香港加密资产监管的转折年。2022 年 1 月，香港金管局发布关于加密资产和稳定币的讨论文件，邀请业界和公众就有关的监管模式提出意见，并于 2023 年 1 月完成文件讨论和总结。2022 年 12 月，香港特区立法会通过《2022 年打击洗钱及恐怖分子资金筹集（修订）条例》，确立 VASP 发牌制度。2023 年 10 月，香港金管局与香港证监会联合发布新版《有关中介人的虚拟资产相关活动的联合通函》，取代 2022 年 1 月的旧版文件。该通函针对持牌中介机构（如券商、私人银行等）在虚拟资产领域的业务活动提出明确的监管要求，涉及分销相关产品、提供交易服务、投资咨询及资产管理四大类牌照业务。

2022 年以来，香港在完善加密资产监管制度框架的过程中，始终对加密资产业务创新持开放和兼容的态度。2022 年 10 月，香港特区政府财经事务及库务局发布《有关香港虚拟资产发展的政策宣言》（简称《政策宣言 1.0》），明确提出虚拟资产在市场上已变得不可或缺，对全球从事虚拟资产业务的创新人员抱持开放和兼容的态度，香港特区政府与金融监管机构缔造便利的环境，促进香港虚拟资产行业可持续和负责任地发展。2025 年 6 月，财经事务及库务局发布《政策宣言 2.0》，重申致力于将香港打造成数字资产领域的全球创新中心，将以风险管理及保障投资者为先，同时致力于为实体经济和金融市场带来实质效益，提出了促进加密资产发展的“LEAP”框架。

在规范创新的政策方向下，香港各个监管部门积极制定加密资产的监管法规与反洗钱指引。2023 年 5 月，香港金管局启动“数码港元”先导计划，并于2024年9月实施先导计划第二阶段，探索“数码港元”和代币化存款在代币化资产结算、可编程性及离线支付三大场景上的创新应用。2023 年 6 月，香港证监会发布《适用于虚拟资产交易平台营运者的指引》和《打击洗钱及恐怖分子资金筹集指引（适用于持牌法团及获证监会发牌的虚拟资产服务提供者）》，明确虚拟资产交易平台的牌照监管制度和反洗钱要求；2024 年 2 月，香港特区政府发布《有关规管虚拟资产场外交易的立法建议》的公众咨询文件，计划建立一个由香港海关及税务局作为监管机构的虚拟资产场外交易服务提供者发牌制度；2025 年 5 月，香港通过《稳定币条例草案》；7 月，香港金管局发布《持牌稳定币发行人监管指引》《打击洗钱及恐怖分子资金筹集指引（持牌稳定币发行人适用）》，明确了稳定币发行人的牌照监管制度与反洗钱要求。

至此，香港已基本构建一套全面覆盖加密资产交易平台、稳定币发行、加密资产场外交易的加密资产监管制度框架。在这一框架下，香港金融监管部门坚持“相同业务、相同风险、相同监管”的原则，逐步建立了一套相对完善的数字资产监管体系，既注重风险防控，又鼓励创新发展。虽然香港并未设立专门的加密资产监管部门，但是尝试将数字资产纳入既有的监管制度，厘清责任链条和管辖权限，建立了高效的跨部门协作机制。其中，香港特区政府财经事务及库务局是香港虚拟资产政策的“设计师”，负责宏观政策制定和跨部门协调；香港证券及期货事务监察委员会是虚拟资产市场监管的“守门人”，主要负责虚拟资产交易平台、证券型代币、虚拟资产现货 ETF 及投资基金等牌照审批和监管工作；香港金融管理局集中在虚拟资产和传统金融联系最紧密的领域，专注于稳定币、支付业务及银行体系数字资产活动的监管工作。

二、稳定币在香港全球加密资产中心建设中占据核心地位

（一）从《政策宣言 1.0》到《政策宣言 2.0》：加密资产市场发展全面升级

2022 年 10 月，财库局发布《政策宣言 1.0》，认为虚拟资产在市场上已变得不可或缺，提出了促进香港虚拟资产行业可持续和负责任地发展的远景。在发展方面，该宣言明确提出香港将推进三个试验项目——NFT、绿色债券代币化和“数码港元”，并认为稳定币作为加密货币和法定货币的交易媒介，具有潜力与传统金融市场建立关联；在监管方面，该宣言认为一致、明确和清

晰的全面监管框架是加密资产创新发展的基础，将制定加密资产服务提供者发牌制度，探索零售投资者买卖虚拟资产的适当程度，以及是否推出虚拟资产交易所买卖 ETF。

2025 年 2 月，香港证监会发布虚拟资产市场发展路线图 “A–S–P–I–Re”，实现以安全为本的适应性合规，加强香港虚拟资产市场的安全性、创新和增长。在 “Access”（准入）方面建立清晰简洁的市场准入框架，吸引更多的优质项目和机构进入市场，同时确保进入的项目符合监管要求；在 “Safeguards”（保障）方面加强对虚拟资产交易平台和托管服务商的监管，确保投资者的资产不受侵害；在 “Products”（产品）方面推出 ETF、代币化资产和期货产品等各种创新的虚拟资产投资产品，为投资者提供更加多元化的投资选择；在 “Infrastructure”（基础设施）方面着力推进监管合规、交易平台稳定性以及跨平台结算机制等基础设施建设，以确保市场更加稳定，并提升市场的透明度和效率；在 “Relationships”（外部联系）方面推动全球监管合作与行业发展合作，提升香港作为国际金融中心的地位。

2025 年 6 月，财库局发布《政策宣言 2.0》，为了将香港建设成为全球领先的数字资产中心，打造值得信赖、可持续且深度融入实体经济的数字资产生态圈，提出了以 “LEAP” 框架为核心的发展框架。其中，在 “L”（优化法律与监管）方面，构建统一及全面的数字资产服务提供者监管框架，涵盖数字资产交易平台、稳定币发行人、数字资产交易服务提供者及数字资产托管服务提供者，推进代币化法律及监管检讨；在 “E”（拓展代币化产品种类）方面，推动代币化政府债券发行常规化，并为现实世界资产代币化提供诱因（包括印花税安排等）；在 “A”（推进应用场景及跨界别合作）方面，支持稳定币及其他代币化项目发展，推出区块链及数字资产试点资助计划，促进监管机构、执法机构及技术提供者合作；在“P”（人才与合作伙伴发展）方面，与市场参与者及大学合作推动人才发展，将香港定位为知识分享超卓中心，并促进其与其他司法管辖区的合作。

对比上述政策宣言可以发现，香港的加密资产发展实现了全面升级。

一是在官方用语上，将之前价值色彩偏负面的“虚拟资产”修改为更加中性的“数字资产”，这一转变并非简单的称谓替换，而是反映了监管视野的拓宽与重心的转移。虚拟资产主要聚焦链上原生加密资产，而数字资产的概念包容性更强，涵盖原生加密货币、稳定币以及各类现实资产的代币化表达，表明香港正在主动拥抱实物资产数字化的大趋势。

二是在政策目标上，从促进香港加密资产行业可持续和负责任地发展，以巩固香港国际金融中心地位，转变为将香港建设成为全球领先的数字资产中心，打造值得信赖、可持续且深度融入实体经济的数字资产生态圈，更加注重加密资产市场自身的发展，对加密资产市场发展的部署也更加系统。

三是在发展任务上，从 NFT、绿色债券代币化和“数码港元”，到“A–S–P–I–Re”框架和“LEAP”框架，涉及加密资产发展的各类产品和各种场景，其中特别强调支持稳定币及金融资产、现实资产代币化项目的发展，更加注重推动加密市场与金融体系的融合。

四是在金融监管上，从制定加密资产服务提供者发牌制度，到构建统一及全面的数字资产服务提供者监管框架，以及推进代币化法律及监管检讨，这些表明香港更加注重加密资产监管制度的全面性以及监管政策的落地和落实，以此推动加密市场创新、合规发展。

（二）在原生加密资产和资产代币化融合发展中，稳定币的发展处于核心地位

《政策宣言 2.0》对香港加密资产市场和 Web3.0 发展战略进行了全面升级，同步推进原生加密资产市场发展和资产代币化（含稳定币）市场发展。其中，《政策宣言 2.0》认为稳定币在传统系统以外提供了一个具备成本效益的替代方案，有潜力革新支付、供应链管理及资本市场活动，是“香港成为全球领先数字资产中心的基石”。

从香港推进整个加密资产生态发展的角度来看，稳定币发展的作用主要体现在以下几个方面。

一是作为整个加密市场的价值尺度和阶段工具。这是稳定币在加密资产市场最根本、最核心的作用。在充满高波动性的加密资产世界中，稳定币充当了所有资产投资交易的“价值尺度”和“安全保障”，使 Web3.0 经济活动（交易、借贷、支付、薪酬、定价等）能够在一个相对稳定的价值环境中进行，极大地提升了用户体验和商业可行性。如果没有稳定币，DeFi 的高效运转、NFT 的可靠交易、DAO 的稳健财务管理等都将面临巨大阻碍。

二是作为整个加密市场的流动性引擎。流动性是加密资产市场和 Web3.0 金融体系健康、高效、有韧性的关键，稳定币是其中的核心驱动力。稳定币是 DeFi 流动性池中绝对的主力军，是

DEX 交易量的主要来源。稳定币深度参与去中心化借贷市场，是生成收益和满足资金需求的基础资产。

三是充当加密市场创新发展的基础。从业务运行和支付结算的角度来看，去中心化的 DeFi 业务（如固定利率贷款、结构化产品、更复杂的衍生品等）和 RWA 代币化（如代币化国债）无法通过传统的账户体系进行交易结算，而去中心化交易的稳定币是构建更复杂、更实用的 DeFi 应用和 RWA 代币化的基础设施。稳定币交易的稳定性是 DeFi 业务和 RWA 交易稳定运行的前提。

四是连接现实世界与加密世界的桥梁。《政策宣言 2.0》推动加密资产市场与传统金融体系融合发展，而稳定币（尤其是法币抵押型稳定币）通过与现实世界法定货币的锚定，成为连接传统金融体系与加密资产市场的关键通道。用户可以通过法币购买稳定币进入加密资产市场生态，也可以将加密资产市场中的投资收益通过稳定币兑回法币。这种“入口”和“出口”的顺畅性，是加密资产市场吸引主流用户和资金的关键。

五是降低公众用户的认知门槛与负担。对于新用户而言，理解并使用波动性大的加密货币进行日常交易和交互是困难的。稳定币提供了直观、稳定的价值单位（如 1 港元稳定币 ≈ 1 港元），显著降低了用户理解加密资产市场与 Web3.0 经济活动的门槛以及参与其中的心理障碍，提高了公众对加密市场的参与度。

三、中国香港的稳定币监管更加注重创新发展与合规安全的平衡

2025 年 5 月，香港特区立法会三读通过《稳定币条例草案》

（2025年8月1日正式实施）；7月29日，香港金管局同时发布《持牌稳定币发行人监管指引》《打击洗钱及恐怖分子资金筹集指引（持牌稳定币发行人适用）》，使中国香港成为亚太地区首个对法币抵押型稳定币实行全面监管制度的司法管辖区。与欧盟《MiCA法案》注重防控风险冲击、美国《天才法案》注重支持发展不同，中国香港的稳定币监管政策顺应了《政策宣言1.0》和《政策宣言2.0》规范创新的政策主线，更加注重支持创新发展与防控金融风险的平衡，而且在发展初期更加注重稳妥发展和防范洗钱风险。

表7-5　中国香港、美国、欧盟的稳定币监管法规比较

	美国《天才法案》	欧盟《MiCA法案》	中国香港《稳定币条例》
稳定币类别	支付稳定币	ARTs和EMTs	FRS（与法币挂钩的稳定币），包括港元及其他法币锚定类型
算法型稳定币	禁止	主要针对有资产支持的稳定币，算法型稳定币无清晰的发行人或资产支持，不适用《MiCA法案》	未明确禁止，但要求稳定币有明确的发行人和足额的储备
发行人授权	联邦或州许可；SCRC对特定类型发行人的审批；限制大科技公司发行	强制许可或授权；针对ARTs有发行主体资格	向香港金管局申请牌照，仅限在中国香港注册的公司或境外认可机构
外国发行人要求	仅限美国注册发行人；对外国稳定币有特定限制	欧盟授权要求；非欧盟合规稳定币在欧盟市场受限	境外发行人若锚定港元或向中国香港的公众推广，需要持牌
发行人经营管理要求	定制化资本、流动性和风险管理规定，豁免银行资本标准	具体的自有资本金要求，与储备规模或运营成本挂钩，有风险附加	最低实缴股本2 500万港元，需要证明财务稳健性；提出了系统性的风险管理要求

续表

	美国《天才法案》	欧盟《MiCA 法案》	中国香港《稳定币条例》
储备资产规则	未明确托管要求，独立审计，高流动性资产（国债剩余期限不超过 93 天）	储备资产隔离、审慎管理、独立审计；对储备资产投资范围和比例有严格限制	储备资产为高流动性资产（国债剩余期限不超过 1 年），独立托管、定期审计

在稳定币类型方面，中国香港《稳定币条例》确定的“指明稳定币”范围比较宽松，可以参照一种（港币或者其他法币）或多种官方货币，也可以参照香港金管局指明的计算单位或经济价值的储存形式以维持稳定价值的稳定币；未明确禁止算法型稳定币，但要求稳定币需要有明确的发行人和足额的储备；算法型稳定币是否合规尚不明确。相对而言，美国《天才法案》纳入监管的是与法定货币、贵金属等资产挂钩的稳定币，仅限锚定美元的支付稳定币，禁止发行算法型稳定币。欧盟《MiCA 法案》纳入监管的是 EMT、ART、UTs 等，算法型稳定币完全去中心化的加密资产在欧盟《MiCA 法案》的监管范围之中。

在发行人准入方面，中国香港《稳定币条例》要求在香港发行法币抵押型稳定币、发行宣称锚定港元价值的法币抵押型稳定币、向香港地区积极推广其法币抵押型稳定币，必须获得香港金管局发放的稳定币发行人牌照。美国《天才法案》规定，银行、信用社或非银行机构必须在向州一级或联邦监管机构注册后方可发行稳定币，但对平台公司或大型科技公司申请稳定币发行人牌照做了限制，禁止主营业务为非金融服务的大型上市公司发行稳定币，除非满足严格的金融风险、消费者数据隐私和公平商业行为标准，并获得新成立的 SCRC 的一致批准才能发行稳定币。欧盟《MiCA 法案》要求 ART 发行人必须在欧盟建立法人实体，必须首先获得其母国指定监管机构的授权，且此类资产必须在加密资产交易平台上进行；EMT 发行人必须被授权为信贷机构或电子货币机构，且符合 EMD2 关于电子货币机构的要求。相同的是，中国香港、美国和欧盟都对境外发行人在本地区或本国开展稳定币服务，提出了明确的限制和授权要求。

在发行人经营监管方面，中国香港《稳定币条例》对发行人的财政资源、风险管理、企业管治、稳定币的发行赎回及分销等方面，提出了具体的监管要求。特别是在风险管理方面，除了要求设立风险管理架构及内部管控制度外，还对信用、流动性以及市场风险、科技风险、业务操作风险、信誉风险管理等，提出了具体且全面的要求。美国《天才法案》则要求针对稳定币发行人制定针对性的资本、流动性和风险管理要求（具体要求尚未明确），但豁免银行资本标准，并要求 FSOC 在年度金融稳定报告中评估稳定币相关风险的要求；欧盟《MiCA 法案》对 ART 与 EMT 发行人的信息披露与诚实经营、公司治理机制、内部控制机制、风险管理程序、储备资产管理和赎回等做了明确要求，对稳定币发行人提出了与稳定币发行规模成比例的资本要求（始终拥有至少以下金额中较高者的自有资金：一是 35 万欧元，二是储备资产或发行代币平均金额的 2%，三是前一年固定间接费用的四分之一），如果 ART 发行人是信贷机构或电子货币机构，那么还需要满足这两类机构自身的资本监管要求。

在储备资产管理方面，中国香港《稳定币条例》对储备资产提出了独立托管并定期审计的要求，《持牌稳定币发行人监管指引》要求"持牌人应设立有效的信托安排，以确保储备资产与持牌人的资产隔离，并且代为指明稳定币持有人持有"，同时明确了储备资产的投资范围，但对国债等高流动性资产的期限要求更为宽松，即不超过1年。美国《天才法案》明确了储备资产的投资范围（国债剩余期限的要求是不超过93天）、独立审计和披露要求，但未明确提出储备资产的托管要求（美国在通过《天才法案》的同时修改了破产法规，在后续的监管细则和指引里面，应该会要求发行人对储备资产进行第三方托管）；欧盟《MiCA法案》对储备资产提出了隔离托管、审慎管理、独立审计要求，对储备资产投资范围和比例进行了严格限制，如要求一般的ART和EMT发行人将储备资产的30%作为存款存放在信贷机构（银行机构），重要的ART和EMT发行人将储备资产的60%作为存款存放在信贷机构。

在洗钱等非法金融活动防控方面，中国香港《稳定币条例》从制度和技术两方面提出了要求，相对于美国、欧盟的监管来说更加严格。《打击洗钱及恐怖分子资金筹集指引（持牌稳定币发行人适用）》在客户尽职调查、持续风险监测、稳定币转账、可疑交易报告等方面，对反洗钱和反恐怖融资提出了详细的监管要求；高度关注非托管钱包之间点对点转账背后的洗钱和恐怖融资风险，要求每个稳定币持有者的身份都应通过持牌的稳定币发行人、虚拟资产服务提供者、可靠的第三方机构进行核实，持牌人代表其客户（即发起人或接收人）向非托管钱包发送或接收稳定币之前，持牌人应从客户处获取并记录发起人和接收人的信息（姓名、地址、账号、身份证件号码、出生日期等）。对此，香港金管局助理总裁何汉杰在2025年7月29日的稳定币发行人监管制度技术简报会上做出解释，在稳定币业务起步阶段“监管应先严，实现走稳，然后按照实践经验适度放松”；对于反洗钱监管，香港金管局副总裁陈维民直接指出，“我们不希望香港发行的稳定币牌照在以后会成为人们洗黑钱的工具”。

美国《天才法案》强调利用新兴技术防控洗钱等非法金融活动，要求所有稳定币发行人具有根据监管要求打击非法金融活动的技术能力，美国 FinCEN 在制定针对数字资产活动新的反洗钱规则时，开发新工具以监测非法加密活动，并审查发行人合规计划。欧盟更加强调制度建设，在通过《MiCA 法案》的同时修订了《资金转移条例》，并于 2025 年 5 月正式通过修改后的《反洗钱条例》，计划将从 2027 年 7 月起，禁止所有金融机构与加密资产服务提供商提供匿名加密账户或钱包，要求超过 1 000 欧元 / 美元的加密交易必须执行强制身份验证，并设立新的监管机构直接监管大型加密平台。

总体而言，中国香港的稳定币监管既继承了其加密资产整体框架的合规创新特征，也服务于香港地区建设全球数字资产中心的需求，迈上了注重创新发展与合规安全的平衡之路。金融创新与风险是一对相互依存的矛盾体，伴随在金融发展的全过程中。我们希望在注重创新与安全平衡的监管推动下，中国香港在建设“全球领先的数字资产中心”之路上能迎头赶上。

第八章

全球稳定币监管五大支柱

整体来看，目前各个国家（地区）均按照“怎么界定稳定币—谁来发行—监管什么—怎么赎回—怎么防范洗钱”的流程，确定稳定币的监管框架和监管重点。但在合规与创新之间，各国（地区）的侧重点不同，在具体要求上也有差异。

第一节　职能定位和使用范围

稳定币的监管主要关注两个方面：一是发行本币支持的稳定币，二是发行外币支持的稳定币。

一、新加坡同时支持本币稳定币与外币稳定币

2023 年 8 月，新加坡金管局发布《稳定币监管框架》，明确

允许发行与单一货币锚定的稳定币，锚定货币可以是新元，也可以是 G10 国家的货币。法定货币是一国主权的象征，新加坡金管局允许外币支持的稳定币在本国发行流通，这是一个比较大的突破。但对新元稳定币能否兑换成美元等其他货币以及能否跨司法管辖区发行等问题，还没有定论。

对于前一个问题，相较于稳定币具有全球公开流通的属性，新元的国际化程度则较低。如果新元稳定币只能在赎回时兑换成新元，那么稳定币将不具备竞争优势，发行也将难以起量。但如果在赎回时可以兑换成其他货币，则又会形成对储备资产管理的重大挑战，需要调整储备资产投向范围来配合（可以投资其他货币或其他国家的国债等金融产品）。

后一个问题涉及稳定币的价值管理。新加坡金管局有两个备选方案：一是发行人定期提交证明材料，证明其他地区的稳定币发行也满足同等条件；二是与不同的司法管辖区建立合作。但稳定币的全球性本质决定其本来就可以在不同公链和不同地区发行，因而这两个方案均因现实因素无法实现，新加坡金管局只能退一步，要求稳定币发行人在开始阶段不得跨司法管辖区发行。对稳定币发行人而言，这无疑会制约稳定币的市场竞争力。

二、欧盟限制外币稳定币的境内使用

2024 年 12 月，欧盟《MiCA 法案》开始生效，依据加密资产是否试图通过参考其他资产来稳定其价值，将适用监管的加密资产分为三大类，分别针对 ART、EMT 和 UTs 进行了界定并提出使用要求，对单个 ART、EMT 的日交易量设定了 500 万欧元的上限，且当 ART、EMT 的市场价值超过 5 亿欧元时，对发行人提出额外的合规措施。《MiCA 法案》允许 EMT 用于加密资产交易和 DeFi 活动，但只有欧元稳定币才可以用于日常商品和服务支付，以保护欧盟的货币主权。同时，对 ART 每天在单一货币区域内的使用量设置了 100 万笔交易或 2 亿欧元交易额（季度平均值）的上限。此外，ART、EMT 的发行人不能向持有人支付利息，完全去中心化的加密资产不受《MiCA 法案》监管。

三、中国香港同时支持本币稳定币和外币稳定币使用

2024 年 12 月，香港特区政府发布《稳定币条例草案》，将"稳定币"界定为"加密保护形式的价值"，明确了不属于稳定币的数字价值形式，具体包括：中央银行或代表中央银行发行的数字货币、有限用途的数码代币（如客户报酬、奖赏积分以及游戏用的代币等）、数字形式的证券和期货合约（如证券类代币）、数字形式储值支付工具押金（如商户的储值卡）、数字形式的银行存款等。

在此基础上，《稳定币条例草案》将监管对象聚焦在"指明稳定币"，通过以下方式来维持价值稳定的稳定币。一是参照一种或多种官方货币，二是参考香港金管局指明的一种或多种计算单位或经济价值的储存形式，三是上述两种方式的组合。发行人在考虑是否需要在香港申请牌照时，首先要明确其发行的稳定币是否符合"指明稳定币"的定义，以确认是否进入香港金管局的监管范围。从《稳定币条例草案》来看，算法型稳定币大概率不属于指明稳定币的范畴（见表 8–1）。

表 8-1 中国香港《稳定币条例草案》对稳定币的界定

核心要素	具体要求
表现形式	以计算单位或经济价值的储存表述
职能作用	作为或拟作为公众接受的交易媒介，用于货品或服务的付款、清偿债务、投资
交易方式	可通过电子方式转移、存储或买卖
底层系统	可在分布式分类账或类似资讯存储库操作
价值支撑	参考以下任意一项维持稳定价值：单一资产、一组资产或一篮子资产

综上，香港对稳定币的界定具有以下特征：一是既可以发行港元支持的稳定币，也可以发行其他法币支持的稳定币，二者在使用上没有明确的差异化要求；二是在功能上，稳定币既可以履行货币的支付结算功能，也可以作为价值储藏手段（投资）；三是发行和交易基于分布式账本或类似技术，因此具有去中心化特征。

四、美国重点支持支付稳定币

2025 年 6 月，美国参议院通过《天才法案》，旨在为美国建立一个全面的稳定币监管框架。该法案明确阐述了多重立法意图，包括在保护消费者与鼓励创新之间取得平衡，为行业提供监管清晰度，将金融创新留在美国本土，并重申美元在全球金融体系中的主导地位。

《天才法案》的核心是围绕支付稳定币构建监管框架。根据定义，支付稳定币是一种“加密资产”，即在加密的分布式账本上记录的数字价值表示形式。该加密资产被用于或被设计用于支付或结算；发行人有义务按固定金额的“货币价值”（以美元和“外国中央银行发行的货币”等“国家货币”计算的价值）兑换、赎回或回购该加密资产；发行人承诺将使这一加密资产相对于固定金额的货币价值维持稳定价值，或为此创造合理预期。

同时，《天才法案》明确将国家货币本身、存款（包括分布式账本上代币化的存款）以及某些证券排除在支付稳定币的定义之外；规定支付稳定币不受美国政府支持或担保，也不在FDIC或美国国家信用社管理局（NCUA）的保险范围内。

五、阿联酋在现实支付中只接受本币稳定币

2024年6月，阿联酋中央银行发布《支付代币服务条例》，将“支付代币”明确定义为一种旨在通过参考法定货币或以相同货币计价的另一种支付代币的价值，来维持稳定价值的加密资产。

同时，该条例还将覆盖支付代币（稳定币）发行、转换、保管和转移等主要活动的“支付代币服务”纳入监管。但需要注意的是，该条例虽然广泛适用于阿联酋，但不包括DIFC和ADGM。

此外，《支付代币服务条例》规定，该国的企业和商家只能接受与迪拉姆挂钩的稳定币作为商品和服务的支付方式（金融自由区被排除在外），在外国注册的稳定币发行人发行的外币支持型稳定币，可以用于加密资产或加密资产衍生品的交易支付。这意味着目前主流的加密资产（如比特币和以太坊）以及美元支

持的稳定币（如泰达币和币安币），都无法在阿联酋购买商品或服务。

六、日本将法币抵押型稳定币界定为电子支付工具

2022年6月，日本修改了《资金结算法》（也称《支付服务法》）。新的《资金结算法》将“货币性资产”界定为以本国货币或外国货币表示，以及以本国货币或外国货币履行债务、退款或其他类似行为的资产，同时明确将货币性资产排除在加密资产之外。

《资金结算法》还对“电子支付工具”做了如下界定：用于购买商品或服务，并能够用于支付对价，以及向不特定的人购买和销售的财产价值，可以通过电子信息处理组织转移的财产价值，可以与前述项目中规定的内容相互交换，且可以通过使用电子数据处理系统进行转移，不包括信托中的特定受益权。

由此可以看出，日本将法币抵押型稳定币视为货币性资产和电子支付工具，不属于《资金结算法》中的加密资产；而加密资产支撑的稳定币、算法型稳定币则在加密资产之列，但不被视为电子支付工具。

上述主要国家和地区对稳定币的界定和监管政策表明：一是当前全球支持的主要是法币抵押型稳定币（支付稳定币），同时参考数字支付监管要求，对法币抵押型稳定币的使用进行监管；二是大多支持在境内同时发行本币稳定币和外币稳定币，但出于维持主权货币稳定的考虑，对外币支持的稳定币的使用范围设定了限制条件；三是无抵押的算法型稳定币波动风险太大，目前还没有受到各地监管当局的认可。

需要注意的是，虽然从狭义上看，法币抵押型稳定币与电子支付工具有很多相似之处（这也是美国、新加坡、阿联酋等从支付条例出发来监管稳定币的原因），但实际上两者仍存在巨大差异。从业务模式上看，稳定币交易是去中心化的，具有可编程性，而电子支付工具是中心化的，不具有可编程性；从功能属性上看，法币抵押型稳定币不只是支付工具，也是投资工具，更是去中心化借贷等 DeFi 业务的基础，而电子支付工具只是支付工具。这些差异意味着对稳定币发行人的准入监管、经营监管等，不能完全套用电子支付机构的监管框架。

第二节　发行人准入和持牌要求

在明确稳定币的定义、类型和使用要求后，随之而来的是稳定币发行的监管问题，包括稳定币发行是否需要持牌，以及应当设立什么样的准入条件。

一、新加坡实施银行和支付机构牌照监管

根据新加坡的《支付服务法案》（以下简称《PS 法案》），稳定币被视为一种数字支付代币，其发行和流通需要获得新加坡金管局的许可。在发行主体上，新加坡金管局将稳定币发行主体分为两大类——银行以及非银行。

对于非银行发行人，新加坡金管局只将流通规模在 500 万新

币以上的稳定币纳入监管框架，需要申请《PS 法案》下 MPI（大型支付机构）牌照；而对 500 万新币以下的稳定币则不纳入监管范畴，只需要满足《PS 法案》对数字支付代币的规定即可。

对于银行机构，新加坡金管局原计划将代币化存款纳入稳定币范畴，但两者在资产性质上差异巨大（存款是银行准备金制度下的产物，非 100% 抵押，且属于银行负债），最终将代币化存款排除在稳定币之外。因此，银行也必须发行 100% 资产抵押的稳定币，但不需要申请 MPI 牌照（见图 8–1）。

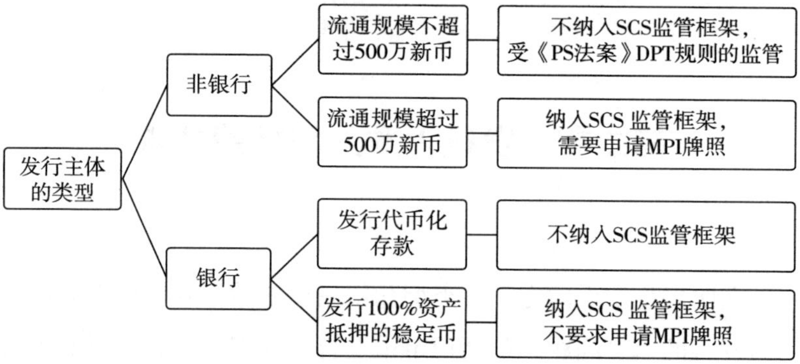

图 8–1　新加坡稳定币发行主体的资质要求

二、欧盟对稳定币发行人实施分类持牌要求

根据《MiCA 法案》，“加密资产发行人”（Issuer of Crypto-Assets）是指向公众提供任何类型的加密资产，或寻求将此类加密资产引入加密资产交易平台的法人。在加密资产分类的基础上，《MiCA 法案》对不同的加密资产发行人提出了不同的资质和许可要求。

《MiCA 法案》认为 ART 可能会被持有者广泛用于转移价值或作为交换手段，为保护持有者（特别是零售持有者）的利益和市场完整性，法案对 ART 发行人提出了更严格的准入要求：ART 发行人必须在欧盟注册为法人实体，必须首先获得其母国指定监管机构的授权，且此类资产必须在加密资产交易平台上进行交易。但在 ART 发行人已经是信贷机构、未偿 ART 低于 500 万欧元、ART 只发行给合格投资者等情形下，可以豁免准入授权。

对 EMT 的发行人，《MiCA 法案》要求必须被授权为信贷机构或电子货币机构，且符合 EMD2 关于电子货币机构的要求。在未偿 EMT 金额不超过 500 万欧元等情形下，EMT 发行人也可以获得准入授权豁免，但需要按规定发布白皮书。除此之外，《MiCA 法案》还针对加密资产（稳定币）服务设定了 CASP 的准入授权要求。

三、中国香港对稳定币发行和销售都制定了持牌要求

中国香港《稳定币条例》规定，在进行以下三种活动时必须先获得香港金管局的专员批复的牌照：一是在业务过程中，在中国香港地区发行法币抵押型稳定币；二是在业务过程中，发行宣称锚定港元价值的法币抵押型稳定币；三是向香港地区积极推广其法币抵押型稳定币的发行。

在供给销售方面，《稳定币条例》只允许以下几类提供者销售指明稳定币：一是《稳定币条例》下的持牌人；二是提供加密资产服务的持牌法团（即加密资产交易平台）。截至2025年2月，香港证券及期货事务监察委员会已发放 10 张加密资产交易平台

牌照；三是持有《证券及期货条例》下经营第 1 类受规制活动牌照的法团；四是银行。

在服务对象方面，《稳定币条例》对于持牌人发行的指明稳定币没有受众限制，可销售给零售投资人；而其他未持牌发行人发行的指明稳定币（如在香港地区以外发行的法定挂钩稳定币 USDT、USDC 等），则只可销售给指明的投资人，即《证券及期货条例》定义的专业投资者。

四、美国对稳定币发行实施两类牌照竞争发展

《天才法案》对支付稳定币发行人提出了要求：必须是美国注册实体，必须获得联邦或州一级许可，可以是以下三类机构之一——受保存款机构的子公司、联邦批准的非银行实体、州一级批准的发行实体。

其中，州一级许可只适用于规模低于 100 亿美元的稳定币，而联邦许可则不受规模限制；存款机构仍适用于美联储的监管框架，而非银行发行人则适用于 OCC 的监管框架。此外，超过 100 亿美元门槛的发行人可以继续接受州一级的监管，但联邦监管机构在特定情况下可以对州一级许可的稳定币发行人行使备用执法权。

这一监管安排既顺应当前美国货币银行体系州政府审批监管的货币服务机构（支付机构）、银行机构和非银行机构多样化的发展框架，也适应美国在金融监管上的联邦和州双峰、多头监管框架。但从最终目标上看，这一监管安排为较小的、初创企业发行稳定币保留了州一级监管试验的空间，有助于美国形成不同规

模、不同类型稳定币发行人的多元竞争发展格局。

州一级牌照审批有助于促进小型稳定币发行人创新和市场多样化发展，但背后的合规成本也值得关注。依据美国现行的金融监管制度，一方面，州政府审批的金融机构如要实施区域经营，需要获得其他州的批准。例如，MTL 是州政府发放的牌照，一个机构在一个州申请了 MTL，如果到别的州开展业务还需要获得其他州的批准。另一方面，MTL 牌照持有人还需要向 FinCEN 申请 MSB，履行反洗钱义务。

此外，对于境外发行人进入美国市场，必须通过 OCC 注册并满足严格的合规要求，评估因素包括境外发行人所在地的监管框架是否具备可比性、发行人在美国运营的财务和管理资源、向 OCC 提交的信息、潜在的金融稳定风险和非法金融风险，以及境外发行人监管是否支持美国实体在该地发行美元稳定币等因素。

五、阿联酋和日本对稳定币支付服务主体实施牌照管理

阿联酋中央银行发布的《支付代币服务条例》要求任何个人或实体在阿联酋境内提供支付代币服务时，均需要获得阿联酋央行的许可或进行注册。具体而言，迪拉姆支付代币服务需要申请许可，而其他支付代币服务则需要进行注册。许可证仅颁发给在阿联酋注册成立的公司（不包括金融自由区的公司），而未在阿联酋注册但位于阿联酋的实体（包括 DIFC 和 ADGM 实体），则可以申请境外支付代币发行人注册。

日本新修正的《资金结算法》要求，在日本开展电子支付工具（法币抵押型稳定币）交换和管理业务的主体（包括购买和销

售电子支付工具、与其他电子支付工具进行交换，以及为前面两项业务提供中介、经纪或代理服务），需要先注册为“电子支付工具服务提供商”；支持稳定币交易的加密资产交易所，或为他人管理稳定币的托管钱包服务，也都需要进行注册；境外电子支付工具服务提供商在日本展业必须在日本有代表人。《资金结算法》对发行机构的具体要求是：只有信托公司、银行和资金转移服务提供商三类机构可以发行稳定币，且每类机构发行的稳定币在功能上需要存在差异 。

上述主要国家和地区对稳定币发行人的准入监管政策表明，对稳定币发行人实施持牌准入许可和监管是全球趋势，各地的监管当局还要求发行人在本国或本地区设立稳定币发行经营实体，以此作为落实监管和实施处罚的抓手。在牌照类型上，银行机构本身可以作为法币抵押型稳定币的发行人和交易商，而支付服务商或货币转移服务商是可以选择的牌照类型，表明各个监管当局认可的是法币抵押型稳定币的货币支付结算功能。此外，目前各个监管当局大多要求稳定币发行机构不能为稳定币支付利息，也不能直接开展放贷业务，因此无法像银行那样进行多倍信用创造。

第三节　发行人经营与风险管理

从监管流程来看，在明确产品性质定位、发行机构准入要求之后，需要制定发行机构的经营管理要求。

一、新加坡实施严格的资本能力和业务范围监管

新加坡金管局对稳定币发行机构的资质，主要做了三个方面的规定。

一是在基本资本方面，要求稳定币发行人的资本金不得少于100万新元或者年度运营费用的50%。这类似于《巴塞尔协议Ⅲ》对银行业的自有资本的要求。

二是在偿付能力方面，要求稳定币发行人的流动性资产高于年度运营费用的50%，或者满足资产正常提现需要的规模，且后者需要进行独立验证。流动性资产主要包括现金、现金等价物、对政府的债权、大额存单以及货币市场基金。

三是在业务范围方面，稳定币发行人虽然可以从事稳定币托管和转账业务，但不得从事借贷、Staking、交易和资管等业务，且不允许发行人持有其他任何实体的股份，实际上是在限制稳定币发行人进行混业经营。

二、欧盟对发行人设定了详细的资本管理要求

针对ART发行人和EMT发行人的经营管理，欧盟《MiCA法案》的监管主要体现在以下方面：《MiCA法案》对ART发行人的信息披露与诚实经营、公司治理机制、内部控制机制、风险管理程序、储备资产管理和赎回等做了明确要求，要求所有类型的加密资产发行人都需要发布白皮书（UTs和小型加密资产除外）。

EMT发行人需要满足电子货币和支付工具机构的经营监管要求。更为重要的是，为了应对ART大规模发行可能给金融体

系稳定造成的冲击，《MiCA 法案》对 ART 和 EMT 发行人提出了具体的资本要求（遵循资本与发行规模成比例的原则）。其中，ART 发行人要始终按照以下金额中的较高者持有最低自有资金：一是 35 万欧元；二是《MiCA 法案》第 32 条所述，储备资产或发行代币平均金额的 2%；三是前一年固定间接费用的四分之一（如果 ART 发行人是信贷机构，则遵从信贷机构的资本监管要求）；EMT 发行人的资本要求是不低于 EMT 发行流通规模的 2%，此外还需要满足信贷机构或电子货币机构的资本监管要求。

同时，《MiCA 法案》还参照系统重要性金融机构的监管，从客户数量、市值规模、交易规模、与传统金融体系的关联等方面评价 ART 和 EMT 是不是“重要加密资产”，且对重要加密资产发行人施加了额外的自有资金要求。此外，《MiCA 法案》还要求 ART 发行人制订恢复计划，明确发行人可以在满足持有人赎回请求后仍出现资产储备不平衡的情况下，针对储备资产采取措施以重新满足合规要求。

三、中国香港对发行人的经营管理实施全方位监管

中国香港《稳定币条例》对稳定币发行机构的申请和经营管理提出了多方面的具体要求。

在持牌人身份方面，要求必须为在中国香港设立的公司，或在香港地区以外设立的银行；在资本要求方面，要求必须有足够的财政资源及流动资产，已缴股本不少于 2 500 万港币（该要求不适用于银行申请人）；在风险管理方面，要求建立明确的赎回机制、KYC/AML 机制、信息安全和投诉处理机制等；在业务范

围方面，发行持牌人只能经营稳定币业务，不能超范围展业，也不能为稳定币支付利息。

此外，《稳定币条例》还明确要求持牌人制订与银行类似的恢复计划，在发生对运作活动的显著干扰时，可就其持牌稳定币活动的关键功能的适时恢复及持续提供支援，并实施有秩序的规模缩减。

四、美国对发行人提出了资本、流动性和风险管理要求

对于拿到牌照的支付稳定币发行人，美国《天才法案》要求监管机构应根据发行人的业务模式和风险状况，制定资本要求（包括资本缓冲，如适用的话）、流动性标准、储备资产多样化（包括存款类储备资产集中度）和利率风险管理标准等，但这些监管要求不得超过确保其持续运营所需的水平。监管机构应建立适合发行人业务模式和风险状况的适当运营、合规和 IT 风险管理标准，包括《银行保密法》和制裁合规标准。此外，法案还要求 FSOC 在年度金融稳定报告中评估稳定币相关风险。

但上述监管措施均遵循差异化原则，即监管机构可综合考虑某个或某类发行人特殊的资本结构、风险状况、复杂性、金融活动、规模和其他风险因素，以此制定适用的资本、流动性及风险相关要求。

对此，一些批评者认为法案不鼓励实施强有力的资本和流动性规则，未赋予美联储和 OCC 阻止可能威胁金融稳定、损害竞争或伤害消费者的并购交易的权利，并且允许第三方在未经申请程序的情况下收购已获批的稳定币发行人，批评者认为这些是美

国《天才法案》监管设计中的结构性弱点。

五、阿联酋对发行人强调资本、风险和技术监管

阿联酋中央银行发布的《支付代币服务条例》，从多个方面明确了对稳定币发行人的经营要求。

在资本方面，持牌支付代币发行人需要满足 1 500 万迪拉姆的初始资本要求，以及相当于未偿支付代币法定货币面值的 0.5% 的持续资本要求；而持牌支付代币托管人、转让人及支付型代币转换服务提供者，需要根据其月平均支付型代币转让价值的不同，满足 300 万或 150 万迪拉姆的监管资本要求。

在风险管理与内部控制方面，该条例强调支付代币服务提供商必须建立并维护健全的风险管理和内部控制机制，包括识别、管理、监控和报告因提供支付代币服务而产生或可能面临的各种风险，同时要实施充分的内部控制措施，如资本充足率管理、流动性风险管理、内部控制、会计和外部审计、合规与内部审计、声誉风险管理以及记录保存等。

在技术与系统安全管理方面，该条例要求支付代币服务提供商在设计和实施技术以及特定风险管理系统时，应考虑国际最佳实践和标准，覆盖信息技术治理、安全要求、网络和基础设施管理、网络安全风险、客户身份验证、欺诈检测系统、安全事件报告等多个方面。

上述主要国家和地区对稳定币发行机构经营管理的监管政策表明，各地在落实“相同业务、相同风险、相同监管”原则的具体措施上虽然存在一定差异，但整体上参考了银行机构和支付机

构的经营监管框架，大多明确了稳定币发行机构的最低资本要求、业务经营要求、业务经营范围、风险管理机制、公司治理要求等。特别是欧盟和中国香港，还制订了类似系统性银行监管中的恢复处置计划。此外，各地都要求稳定币发行机构在本地设立实体，并聘用一定数量的本地管理者，以此作为落实监管要求的抓手。

第四节　储备资产的投资和披露

对于法币支持的稳定币而言，能够确保用户随时赎回法币是核心关键，因此需要对稳定币发行人的储备资产进行重点监管。

一、新加坡对储备资产投资和赎回提出明确要求

新加坡金管局的《稳定币监管框架》对稳定币发行机构的储备资产管理和客户赎回提出了相应要求（见表 8–2）。

表 8–2　新加坡对稳定币监管的储备资产管理要求

相关领域	核心要求
价值稳定机制	持有低风险、高流动性资产
	在任何时候储备资产的价值不低于流通中的 SCS
	存放在符合条件的托管人的独立账户
	100 万新元的最小基础资本要求
审慎资本要求	满足运营费用的最小流动性资产
	不允许开展和发行不相关的业务
	可以直接按面值赎回

续表

相关领域	核心要求
客户赎回机制	赎回时间不能超出 5 个工作日
	提前披露合理的赎回条件
信息披露机制	在线上发布白皮书，披露 SCS 的价值稳定机制、SCS 持有人的权利等关键信息

在资产构成上，新加坡金管局要求稳定币储备金只能投向现金、现金等价物以及剩余到期日不超过 3 个月的债券，并对资产的发行主体资质进行了详细规定：要么是政府或央行发行的货币现金，要么是评级在 AA– 级以上的国际机构。

在资金托管上，新加坡金管局要求发行人成立信托并开设隔离账户，将自有资产与储备资产区分开。对资金托管方的资质明确规定必须是在新加坡有托管服务牌照的金融机构，或者在新加坡设有分支机构、信用评分不低于 A– 级的海外机构。因此，在新加坡的稳定币发行机构，必须找一家新加坡本地或在新加坡有分支的金融机构合作。

在赎回要求上，新加坡金管局要求储备资产的每日市值要高于单一法币支持稳定币流通规模的 100%，按面值赎回，且赎回时间不得超过 5 天，以及必须在官网发布月度审计报告。

二、欧盟重点监管储备金的隔离托管和及时赎回

欧盟《MiCA 法案》对 ART 以及 EMT 的储备资产管理做了明确要求。

为了保护 ART 的储备资产免受发行人和托管人的债权人索

赔，《MiCA 法案》要求 ART 的储备资产需要与发行人自身的资产完全隔离，以免使 ART 储备资产的独立性受到发行人或托管人财务状况的影响。发行人不得将储备资产用于抵押或担保，托管人对储备资产的损失负有赔偿责任。

《MiCA 法案》要求 EMT 发行人按照欧盟 EMD2 和 PSD2 对储备资产进行管理：不得将储备资产与支付服务以外的任何自然人和法人的资金混合，且应与其他债权人的债权隔离，不得将储备资产用于跨币种投资。

《MiCA 法案》要求 ART 和 EMT 持有人在发行人破产时享有优先索赔权，并要求一般发行人管理的储备资产需要将 30% 作为存款存放在信贷机构（银行机构），重要的发行人需要将储备资产的 60% 作为存款存放在信贷机构。

《MiCA 法案》要求 ART 发行人必须制订流动性计划以确保满足客户的赎回要求，特别是在 ART 市场价格与储备资产的价值相差很大的情况下，持有人有权直接向发行人赎回 ART；EMT 发行人需要披露赎回条件和费用，如果发行人在 30 天内仍无法满足持有人的赎回要求，则持有人可求助于托管人。[①]

三、美国要求稳定币储备资产投资必须美元化

《天才法案》要求稳定币以 1∶1 的美元或高流动性资产作为储备资产，每月公开储备资产的规模和结构，且市值超过 500 亿美元的发行人需要提交审计的年度财务报表。为了确保用户随时可以

---

① 龚琳 . 欧盟《MiCA 法案》评述及启示［J］. 福建金融，2024（2）：15–26.

赎回法币，联邦和州监管机构需要为稳定币发行人制定资本、流动性和风险管理的相关规则。需要强调的是，该法案对储备资产的美元化提出了明确要求，即稳定币发行人的储备资产投向包括美元现金、美国银行，或受美国监管的外资银行的存款、短期美国国债、美国国债支持的短期回购协议、货币市场基金等。

各国要求本币稳定币的储备资产只能投向本币计价的金融资产，这是为了防范稳定币与储备资产的货币错配风险。《天才法案》的上述要求表明，尽管没有明确要求在美国必须发行美元稳定币，但其实质支持的还是美元稳定币。

上述主要国家和地区对稳定币发行机构储备资产的监管政策表明，围绕储备资产价值稳定和防范用户挤兑的主线，各地都针对稳定币储备资产的第三方隔离托管、投资资产范围和比例、客户赎回机制和时限，以及发行人破产时的优先偿付顺序等提出或多或少的要求。整体来看，这些要求可视为银行流动性监管要求与支付机构备付金管理要求的综合体。

第五节　反洗钱和打击非法金融活动

稳定币具有去中心化、全球化、匿名性和可兑换等特点，且跨链桥技术的大量使用使链上交易监控和追踪难度增加，导致稳定币和加密资产中的洗钱和恐怖融资形势更加复杂。因此，如何防范稳定币潜在的洗钱和恐怖融资风险，成为各个国家和地区监管当局关注的重点。

一、FATF 针对加密资产活动提出针对性监管建议

2019 年 6 月，FATF 对 2012 年发布的《打击洗钱、恐怖融资与扩散融资的国际标准：FATF 建议》（以下简称《FATF 建议》）进行更新，通过在“第十五条建议（新技术）”中新增“释义”的方式，将加密资产活动和 VASP 纳入反洗钱与反恐怖融资国际标准。

《FATF 建议》提出，为识别、评估和监测加密资产活动，以及 VASP 活动或运营过程中产生的洗钱和恐怖融资风险，要求加密资产服务提供商识别和采取有效行动，以降低其洗钱和恐怖融资风险；将加密资产服务提供商在设立地获得审批或登记注册作为最低要求；确保加密资产服务提供商能充分受到反洗钱与反恐怖融资监管或监测，并确保其有效执行；确保建立一套有效、适当并具有劝诫性的处罚措施，用于处罚不遵守反洗钱与反恐怖融资要求的加密资产服务提供商；对加密资产一次性交易进行客户尽职调查的起点是 1 000 欧元 / 美元。

同时，第十五条建议还明确要求将旅行规则的适用范围扩展到加密资产的产品和服务中：应当确保加密资产服务提供商获得必要的和准确的汇出人信息、接收人信息，并及时、安全地根据相关要求向主管部门提供上述信息。

2024 年 6 月，FATF 发布了各成员遵守第十五条建议及其释义的第五次调查报告，发现 60% 的司法管辖区允许加密资产交易和 VASP 运营，27% 的司法管辖区尚未确定是否允许以及如何监管，14% 的司法管辖区选择禁止 VASP 运营。调查报告还发现，在对 VASP 实施旅行规则措施方面，94 个司法管辖区（不包括

明确禁止或计划禁止 VASP 的司法管辖区）中的 65 个已经通过了实施旅行规则的立法，15 个司法管辖区正在开展立法，剩余的司法管辖区还没有启动立法。此外，未对 FATF 调查做出回应的 58 个司法管辖区很可能没有推进相关立法。需要指出的是，旅行规则不仅是 VASP 的执行难点，也是所有金融机构的执行难点，后续 FATF 对相关建议的修订值得关注。

二、新加坡对 FATF 标准在数字代币领域做了扩大化实施

针对加密资产的潜在洗钱和恐怖融资风险，新加坡《PS 法案》明确规定，从事加密资产相关活动的实体必须遵守严格的 AML/CTF 措施，包括彻底的客户尽职调查、交易监控和及时报告可疑活动。

为了符合 FATF 针对加密资产服务提供商的反洗钱和反恐怖融资标准，降低金融市场声誉受损风险，2021 年 1 月，新加坡修订了《PS 法案》（从 2024 年 4 月开始分阶段实施），将数字支付代币（DPT，即法币抵押型稳定币）服务商做了扩大化界定，纳入提供 DPT 转账、DPT 钱包托管、去中心化 DPT 交易的服务机构。同时对跨境转账服务也做了扩大化界定，包括促进不同司法管辖区个人之间资金转移的活动（即使资金不是由新加坡的服务提供商接收的），并将监管机构的覆盖范围扩大到在新加坡设立但向新加坡以外提供服务的服务提供商。

鉴于加密资产交易具有更高的洗钱和恐怖融资风险，新加坡在 2022 年 4 月制定《金融服务与市场法》，针对加密资产服务提供商的反洗钱和反恐怖融资监管提出了专门的要求，包括许可要

求、反洗钱和反恐怖融资要求、技术风险管理要求等，从而在整体上与《PS 法案》对 DPT 服务提供商的要求保持一致。

三、中国香港对稳定币持牌人交易商实施与金融机构一致的监管要求

在反洗钱和反恐怖融资方面，中国香港《稳定币条例》要求持牌人必须设有并实施健全且适当的管控制度，以防范和打击可能出现的与稳定币活动相关的洗钱和恐怖融资活动。稳定币持牌人的管控制度要符合《打击洗钱及恐怖分子资金筹集条例》（第 615 章）的要求，以及监管当局为防止、打击或监测洗钱和恐怖融资活动而发布的其他监管措施。

其中，2022 年修订的《打击洗钱及恐怖分子资金筹集条例》，对加密资产活动反洗钱和反恐怖融资做出界定，核心是要求加密资产交易所遵守同时适用于传统金融机构在打击洗钱、恐怖融资活动以及保护投资者等方面的要求与责任，以保持监管的一致性。

2023 年 6 月，香港证监会发布《打击洗钱及恐怖分子资金筹集指引（适用于持牌法团及获证监会发牌的虚拟资产服务提供商）》，基于风险为本的政策及程序，要求对加密资产的洗钱和恐怖融资风险进行监测、筛查和处置，特别是不少于 8 000 港元的加密资产转账，要严格执行反洗钱要求（但对汇款低于 8 000 港元的加密资产，要求则相对较低）。

四、欧盟强调通过制度建设来防控洗钱和非法金融活动风险

欧盟也非常重视稳定币背后潜在的洗钱和其他违法犯罪行为（如内幕交易、市场操纵等），但重点是完善监控制度，将金融机构的反洗钱要求移植到稳定币交易，并收紧了具体要求。欧盟在通过《MiCA 法案》的同时也修订了《资金转移条例》，要求加密资产服务提供商在转移加密资产时，附带有关汇款人和收款人的信息，在缺少个人身份信息的情况下，不允许任何数量的加密资产在 CASP 的账户间转移。

此后，2024 年 12 月，EBA 正式宣布将欧盟的《旅行规则指南》扩展至加密资产服务提供商及其中介机构，要求包括：收集报告用户转移资金或加密资产的信息，确定交易与购买服务有关，监测可疑的加密资产交易，加密服务提供商和中介机构需要声明多个中介和跨境转移政策等。

2025 年 5 月，欧盟正式通过《反洗钱条例》，将从 2027 年 7 月起，禁止所有金融机构与加密资产服务提供商提供匿名加密账户或钱包。该条例要求超过 1 000 欧元 / 美元的加密交易必须执行强制身份验证，并设立新的监管机构 AMLA（欧盟反洗钱局）直接监管大型加密平台。

五、美国强调利用新兴技术防控洗钱和非法金融活动风险

美国《天才法案》一方面要求所有稳定币发行人具备根据监管要求打击非法金融活动的技术能力，并给出相关的民事处罚与

刑事处罚要求；另一方面要求 FinCEN 在制定针对加密资产活动新的反洗钱规则的同时，开发新工具以监测非法加密活动，审查发行人合规计划，要求发行人正式证明其拥有有效的反洗钱和制裁框架。

根据 2019 年 BIS 提出的针对稳定币与加密资产实施“嵌入式监管”的原则，当前不少区块链技术企业已经开发出多节点数据加密处理技术，在保证资本安全的同时，利用分布式数据管理系统对资本的具体流向、变化进行实时统计、分析，追踪资金从来源到目的地的过程。美国《天才法案》的上述要求顺应了技术发展趋势，利用技术创新来解决技术创新带来的风险，体现了“技术中性”理念。

上述主要国家和地区对稳定币和加密资产洗钱、恐怖融资等非法金融活动的监管政策表明，它们都将对支付机构和银行机构的反洗钱、反恐怖融资要求移植到稳定币和加密资产领域。同时，基于稳定币和加密资产交易的去中心化、全球化、匿名性、可兑换、交易不可撤销等特征，进一步提出更具有针对性的要求，比如降低旅行规则适用的交易额度等。

第四部分

展 望 篇

第九章

稳定币发展的未来图景

稳定币的发展起始于加密资产的投资交易，正快速向多个领域拓展。稳定币作为去中心化金融和传统金融的桥梁，在提升服务效率、降低服务成本以及推进金融普惠发展方面发挥的积极作用得到越来越多的认可。这种积极作用不仅体现在 DeFi 功能的进一步拓展和丰富上，也体现在去中心化金融和传统金融在更大范围和更多维度的融合上，还体现在传统金融机构在金融市场中的重新定位和具体分工上。稳定币、加密资产与传统金融体系融合发展的趋势已难以逆转，以稳定币的应用拓展为主要驱动，以去中心化金融和传统金融的深度融合以及功能组合为主要导向，以全球货币体系深度重构为主要目标的稳定币超级周期已经启动，最终必将对全球金融发展格局和经济发展模式产生深远影响。

第一节 技术：需求导向下的持续供给创新

一、公链：高性能计算和生态建设的合力进击

稳定币聚焦高频交易、跨境支付等应用，要求其底层公链具备高效计算能力以提供支撑，但公链的高效计算并不是越快越好，而是需要在保证安全的前提下"多拉快跑"。公链对于稳定币的支撑也不仅仅体现在计算层面，在公链生态层面，特别是DeFi领域的资产托管、交易和借贷等能力，是稳定币实现其投资需求和跨境支付等功能的必要支撑。此外，鉴于稳定币的金融属性，不论是通过公链内嵌模块，还是提供生态合作，具备合规性的基础设施对于稳定币来说都是不可或缺的。

在计算性能方面，区块链作为一个分布式计算系统，其技术性能受限于CAP不可能三角定理，即在一个分布式系统中，一致性（Consistency）、可用性（Avalability）和分区容错性（Partition Tolerance）三项特征不能同时具备，最多只能同时具备三项中的两项。

在CAP不可能三角定理中，一致性指在原子操作的情况下，各个节点数据保持一致，如果每次写操作完成之后看到的数据都是一致的则为强一致性，如果可以容忍写操作之后出现部分或全部不一致则为弱一致性，但经过一段时间之后数据都是一致的则

为最终一致性。

可用性表面上指每次向未崩溃的节点发送请求都能得到回应，实际上指区块链的计算吞吐能力，也可以简单地理解为计算速度和单位时间内处理交易的数量。

分区容错性指节点之间传递信息可能出现误差或延误，但不影响系统运行。对于区块链来说，分区容错是前提，由节点数量及其分散程度反映的去中心化程度甚至构成区块链安全性的保障，所以不同的区块链只能在一致性和可用性上做出取舍。

比特币和以太坊是以放弃一定的可用性为代价而追求强一致性的代表，所以比特币很慢但能成为“数字黄金”，而以太坊不是最快但能胜任“世界账本”，只有强一致性，才能满足金融基础设施对于资产安全的基本需求。

我们知道，区块链的高吞吐能力是“戴着枷锁”的高效计算。基于这个前提，以太坊“保稳求快”并提出 Layer–2 和分片等技术，其他公链则“稳快兼顾，先快后稳”，比如 Solana 无法回避的宕机问题[①]，或 TRON 节点数量问题[②]，但总体来看，当前市场存在的主流公链，基本可以满足现阶段稳定币对安全和计算性能的要求。

公链生态对于稳定币可以提供两方面的支撑：一是功能的支

---

① 截至 2025 年 4 月 22 日，Solana 已连续 16 个月（且仍在持续）维持正常运行，由此可推算自 2023 年 12 月以来未再出现宕机情况。综合信息可知，历史上 Solana 的宕机次数为 9 次。

② 波场 TRON（2024），社区生态 | Messari: 波场 TRON 2024 年第二季度报告，https://mp.weixin.qq.com/s?__biz=MzU0OTE3MjY0Mw==&mid=2247543038&idx=2&sn=a5aa412f3cafbe9209c59200662530a0&chksm=fa94b944f2e5d47def66f6c4551d9714e38f0ab5a4345cacf23b0f569fc4c8509a0a2d98941b#rd。

撑，公链生态涵盖金融、游戏、社交、供应链等多个领域，公链生态的各个环节相互关联、相互促进，有助于从功能上形成一个闭环；二是人员的支撑，公链生态的繁荣促使开发者不断进行创新和优化，随着越来越多的开发者和用户加入，他们对公链技术的性能、安全性和可扩展性等方面提出更高的要求，从而推动公链生态不断丰富。

对于稳定币来说，“财气”和“人气”都是其对底层公链提出的重要诉求。

2025 年美国怀俄明州为自己将要发行的稳定币 WYST 选择公链，并搞了一个公开打分，最终 11 条公链进入候选名单①，评选采用的指标见表 9–1，评选结果将 Solana、Aptos、SEI、Ethereum、Avalanche、Sui 和 Stellar 这 7 条主链，以及 Arbitrum、Base、Optimism 和 Polygon 这 4 条 Layer–2 链纳入“候选区块链”，其中 4 条公链的主要指标见表 9–2。

表 9–1　2025 年美国怀俄明州稳定币 WYST 公链筛选框架

技术准入指标	**是否无许可准入**	**能否冻结**	—	—	—	—
生态准入指标	厂商是否支持开发、审计、基础设施部署	是否被 Chainalysis 链上分析引用	—	—	—	—
技术考核指标	网络稳定性	交易最终性时间	区块出块时间	TPS	交易费	—
生态考核指标	活跃账户数	TVL（总锁定价值）	稳定币市值	是否在怀俄明州注册	—	—

① 资料来源：https://stabletoken.notion.site/。

续表

技术准入指标	是否无许可准入	能否冻结	—	—	—	—
技术附加指标	隐私	互操作性	智能合约/可编程性	网络可用性差	安全漏洞历史	缺乏代码维护
生态附加指标	合作伙伴	是否承载 AI、DePIN 等新兴赛道项目	能否支持技术开发、WYST 流动性、市场推广三项之一或全部	实体违法行为	团队违法行为	缺乏漏洞赏金

表 9-2　4 条公链的主要指标

考核方向	考核指标	Aptos	Solana	SEI	Ethereum
技术指标	TPS	45	825	57	15.31
	交易最终性（秒）	0.9	12.8	0.4	960
	单笔交易费用（美元）	0.000 1	0.000 005	0.000 03	2.1
	出块时间（秒）	0.13	0.43	0.4	12
生态指标	活跃账户数（千人）	1 163	7 100	311	360
	TVL（美元）	1B	7B	500M	55B

二、数据：有效分析与隐私保护双向扩展

链上数据分析对于稳定币运营具有不可替代的重要性，特别是在 AML 和 KYC 领域发挥着关键作用。

从市场角度看，链上数据提供了前所未有的透明度和可追溯性，使市场参与者能够实时监控交易流动、识别市场操纵行为并

优化投资决策。这种数据驱动的洞察力不仅提高了市场效率，还为风险评估提供了基础。

在 AML 方面，链上数据分析的价值更为突出。区块链的公开账本特性使所有交易记录都可供查询和分析，监管机构和金融机构能够追踪资金流向，识别异常交易模式，如频繁的小额转账、跨境资金流动等可疑行为。通过机器学习算法对历史交易数据进行分析，可以建立精准的风险评估模型，有效识别潜在的洗钱活动。这种能力对于打击金融犯罪、维护金融体系稳定具有重大意义。

在 KYC 方面，链上数据分析同样发挥着重要作用。通过分析钱包地址的交易历史、资金来源和去向等信息，机构可以更全面地了解客户的风险状况。智能合约的自动执行特性减少了人为操作带来的风险，使 KYC 流程更加高效和标准化。同时，链上数据与链下身份验证系统的结合，可以实现更精准的客户画像，帮助机构更好地评估客户风险，满足日益严格的合规要求。这些优势使得链上数据分析成为现代金融监管和风险管理不可或缺的工具。

链上数据分析对稳定币的合规管理具有独特价值。稳定币作为连接加密市场与传统金融的桥梁，交易规模和频率极高，极易成为洗钱或非法资金流动的通道。通过链上数据分析，监管机构和发行人可以实时监控稳定币的流向，识别异常交易行为（如短时间内大量稳定币兑回法币或高风险资产），确保其符合 KYC 和 AML 的要求。例如，Tether 等稳定币发行人已与 Chainalysis 等链上分析公司合作，对大额交易进行筛查，冻结可疑地址，并定期向监管机构提交透明度报告。Circle 通过合规 API 与 Chainalysis 等工具集成，对 USDC 交易进行实时筛查。此外，稳定币的“链上

KYC”正成为“标配”，部分协议（如 Circle Yield）要求大额持有者完成身份验证，而监管沙盒（如中国香港的 e-HKD 试点）则探索通过链上数据直接关联用户身份，实现“嵌入式监管”。未来，随着稳定币在 CBDC 互联、全球贸易结算中的应用深化，链上数据分析将成为平衡金融创新与合规监管的核心技术支柱。

与此同时，隐私保护技术对稳定币在金融领域的应用也至关重要。区块链的公开透明特性使所有交易记录公开可见，即使用户身份通过公钥匿名化处理，在一定条件下也可被追踪识别。比如机构客户在交易所将加密资产兑回法币，这一链上记录可能与个人真实身份产生关联，从而导致隐私泄露。若该机构涉及商业机密交易，竞争对手就可能通过分析其链上交易数据推断其业务战略、资金流向等关键信息，从而使其在市场竞争中处于不利地位。高净值客户的资产信息、交易习惯等属于高度敏感信息，若链上数据未加密，这些信息可能被泄露，并给客户带来骚扰和潜在的安全威胁。

隐私保护技术，如零知识证明、环签名等，既能隐藏交易细节（如金额、参与方身份），满足用户对匿名性和金融隐私的基本需求，又能帮助稳定币发行人在合规前提下平衡监管透明度与用户隐私保护，例如通过选择性披露技术向监管机构证明交易合法性而不暴露具体数据。

对于稳定币而言，隐私与合规的深度协同是下一步技术创新的关键方向，如支持“可验证合规隐私”的新型密码学协议 zk-KYC（一种结合了零知识证明技术的身份验证方法），使稳定币既能实现交易匿名，又能通过零知识证明自动验证资金来源合法性，同时结合监管沙盒探索链上身份与隐私保护的平衡方案，最终在隐私保护、反洗钱合规与金融效率之间构建动态适配的技术框架。

第二节　产品：稳定币超级周期的崛起

稳定币超级周期起源于加密资产的投资和交易，兴盛于去中心化金融、智能金融和资产代币化的场景应用，最终将和法定数字货币融合共生，建立全新的全球数字金融版图。

一、YBS：基于收益归集赋予稳定币更多的金融属性

基于市场的角度，金融产品将凭借其风险收益特征而获得对应的市场定位。

美国《天才法案》重点针对法币抵押型稳定币进行规范，并提出足额抵押和不针对用户发放任何形式利息的具体要求，所以法币抵押型稳定币对于用户来说，实际上是以放弃无风险收益为代价而获得链上流动性的；对于稳定币发行人来说，则是以获取抵押资产无风险收益为目标，为用户提供链上流动性服务的。在这种商业模式下，USDT 的发行主体 Tether 的稳定币资产规模超过了 1 600 亿美元，2024 年的利润达到了 137 亿美元。

对此，一些市场主体认为不合理，提出了为稳定币用户提供收益的新模式。其中，YBS（Yield-Bearing Stablecoins，收益型稳定币）就是一类旨在为用户提供稳定收益的稳定币，在遵守发行人不能为稳定币持有人提供利息收益的同时，通过将稳定币进

行质押等方式帮持有人赚取收益。

以 Ethena 为例，Ethena 是一个具有“原生收益”的美元稳定币项目，它采用与 MakerDAO 类似的抵押借贷模式，同时通过投资衍生品对冲抵押资产价格下跌风险，以实现投资组合的阿尔法中性（通过对冲机制保持市场中性或较低的风险敞口，即使在市场下跌时也能获得正回报，取得绝对收益）。Ethena 可以为其稳定币 USDe 用户（需要将 USDe 质押，并以 sUSDe 为质押凭证）提供年化 6% ~ 8% 的收益，同时使资产抵押率相对 MakerDAO 等项目获得显著提升。

从本质上看，Ethena 是一个“抵押借贷 + 衍生品对冲 + 链上质押”的集合体，稳定币用户获得的利息收益实际上源于以太坊质押收益，以及为对冲抵押资产价格风险而投资相应衍生品的收益。从 Ethena 的产品特点可以看出，该协议给用户提供的主要收益既和自己代币的价格涨跌没有关系，也和抵押资产的价格涨跌没有关系，而是通过金融工具的组合运用，把 DeFi、CeFi（中心化金融）和 TradeFi 三个领域[①] 的收益进行归集，并在协议用户之间进行分配。

这就是 YBS 的基本业务模式，即基于抵押资产帮助用户获得一份稳定的收益，同时帮助用户避免承担抵押资产减值损失。YBS 本质上是一种收益策略，具有“保本付息”的功能且和传统理财更为相似。

根据收益来源的不同，YBS 可以分为三种类型：一是通过投

---

① 这三个领域分别指的是去中心化金融、中心化金融以及基于稳定币的贸易支付和传统金融市场投资等活动。

资美债等固定收益产品获取收益，如法币抵押型稳定币发行人持有等值法定货币、短期国债、货币市场基金等生息资产作为储备金，用户存入法币获得稳定币，发行人将储备资产产生的利息等收益用于自身运营或分配给用户[①]；二是通过参与DeFi获取收益，将稳定币存入Aave、Compound等借贷平台赚取借贷利息，或为Curve、Uniswap等去中心化交易所提供流动性，以获取交易手续费和平台代币奖励；三是像Ethena这类半去中心化稳定币一样，通过将用户资产抵押ETH等生成稳定币，收取稳定费、清算罚金，同时将部分储备投入RWA获取利差收益。综上，YBS项目利用智能合约实现多种收益归集，从而使稳定币具有收益特性，成为稳定币下一步规模增长的重要驱动因素之一。

二、链上：为Agent构建智能金融基础设施

智能体经济是以Agent（智能体）为生产力，以AIGC（人工智能生成内容）为生产资料，结合经济激励机制形成的新经济生态。但中心化人工智能的发展面临诸多弊端：在技术架构与数据安全层面，数据集中存储于少数大型科技公司，容易导致单点故障并遭受网络攻击，一旦数据泄露，不仅用户隐私将面临严重威胁，系统功能也将全面瘫痪；在算法与决策方面，算法缺乏透明度，计算结果缺乏可追溯性，暗箱操作使外部难以审查监督，容易形成信息茧房，还可能因模型设计者的主观偏见产生算法歧

① 该模式虽然被美国《天才法案》和中国香港《稳定币条例》禁止，但在其他地区仍被一部分产品采用。

视，影响决策公正性；在经济模型和应用落地方面，模型训练需要大量数据支撑，但数据提供者却得不到任何回报，大众无法共享数据红利，模型也无法获取私域数据，从而限制垂直领域的应用。

DeAI（Decentralized AI，去中心化人工智能）是将人工智能的核心要素，包括数据、算力、模型训练与推理等，从传统的中心化平台转移到去中心化网络中运行。它利用区块链技术和社区治理机制，将数据和算法的控制权分散在众多节点，避免单一实体对数据、算法和计算结果的垄断和控制，从而降低失控风险，提高系统的透明度和公平性。DeAI 通过分布式计算资源和数据存储来训练和使用 AI 模型，能增强隐私性和安全性，还可以通过代币化实现社区驱动的创新，让参与者贡献资源或资金训练模型，从而分享所有权和回报。

AI Agent 构建新的智能经济体已经成为现实，并展示出巨大的发展潜力。在智能体经济中，一组智能体代理多个角色，根据预设规则或动态协商来确定合作方式并协同完成任务，还能通过代币凭证进行结算，形成一个自运行、价值驱动的生态系统。区块链在智能体经济中具有多方面的重要应用。首先，区块链的去中心化、不可篡改和透明等特点为智能体经济建立了信任机制，降低交易成本，使智能体之间能够直接进行可信交易，如 DeFi 利用智能合约在 Agent 之间构建金融服务。其次，区块链保障数据安全和用户隐私，其分布式账本技术和加密算法确保数据安全存储和传输，保护智能体经济中的敏感信息。最后，区块链促进智能体之间的协同合作，智能合约自动执行交易和业务逻辑，从而减少人工干预、提高执行效率。不同的智能体可基于此构建去中心化的信任网络，加速跨界合作与融合创新。

DeFAI（Decentralized Finance + Artificial Intelligence）是去中心化金融与人工智能的融合，利用 AI 的智能分析、自动执行能力及 DeFi 的去中心化属性，简化用户交互，优化投资决策，提升链上操作效率，为 Agent 之间建立利益协调机制提供解决方案。典型项目如 Swarm，这是一个基于 Python（一种高级的编程语言）的工具包，专为 DeFAI 自主交易智能体设计，允许用户从特定平台获取实时市场和社交信号，并通过自然语言在多个区块链上执行交易策略。Virtuals Protocol 是基于 Base 链的去中心化平台，结合区块链与 AI 技术聚焦游戏和娱乐行业，旨在降低 AI 技术使用门槛，实现 AI 代理的创建、代币化、共同所有权及货币化，它还具备不可变贡献库、首次代理发行等功能。

三、链下：资产代币化为实体经济赋能

借助区块链底层技术优势，代币化不用文书工作和中介处理，就可以实现即时购买、出售和转让，大大降低交易成本，提高交易效率并减少结算风险。资产代币化是继 ETF 之后金融市场又一变革式创新，通过对资产交易结算系统的改造，重构金融市场的交易方式、流通效率和资产配置结构。当前，全球主要金融机构对资产代币化的兴趣持续升温。

2022 年，新加坡金融管理局启动了代币化试验项目 Project Guardian；2023 年，美国资产管理公司 BlackRock 推出了代币化基金项目 BUIDL；2024 年，中国香港金融管理局启动覆盖资产代币化的监管沙盒 Project Ensemble，金融资产代币化已经覆

盖国债、企业债、基金、股票等多个领域。麦肯锡在 2024 年 6 月的报告中预测，到 2030 年，代币化金融资产的市场规模将达到 2 万亿美元（不包括加密资产和稳定币）。①

资产代币化和 RWA 是同一件事情的两种表述，现实中资产代币化仅指金融资产的代币化（又称为证券代币化或 STO），而 RWA 则泛指现实世界所有资产的代币化。由于金融资产已经提前完成了数字化改造、具备直接上链的条件，所以金融资产代币化进展比较快。但在金融资产之外，大量的实物资产还需要借助物联网等设备，通过场景数字化改造才能在链上建立对应的映射资产，进而实现代币化。

尽管 RWA 的发展进程受到场景数字化的制约，但中国是世界上最大的制造业中心，拥有完整的产业链条，特别是新能源、智能制造、新能源汽车以及供应链管理等产业，已经具备相当程度的数字化水平，从产品设计到原材料采购再到生产制造和成品销售，诸多环节都能为 RWA 提供丰富的资产来源。尽管内地目前严禁开展加密资产相关业务，但中央政府支持香港特区大力发展加密资产交易等创新业务，近期出现了“内地资产 + 香港资金”的 RWA 探索模式（见图 9–1）。“内地资产”代表实体经济的资产质量和真实盈利能力，通过与“香港资金”对接，实际上为国际金融市场离岸人民币提供了一种和中国创新产业结合的机会，为人民币稳定币创造了直接的投资需求，特别是对于高科技含量、高成长性资产的投资需求。

---

① Millonero Blog（2024），Tokenizing assets has huge potential，claims McKinsey，https://blog.millionero.com/news/tokenizing–assets–has–huge–potential–claims–mckinsey/.

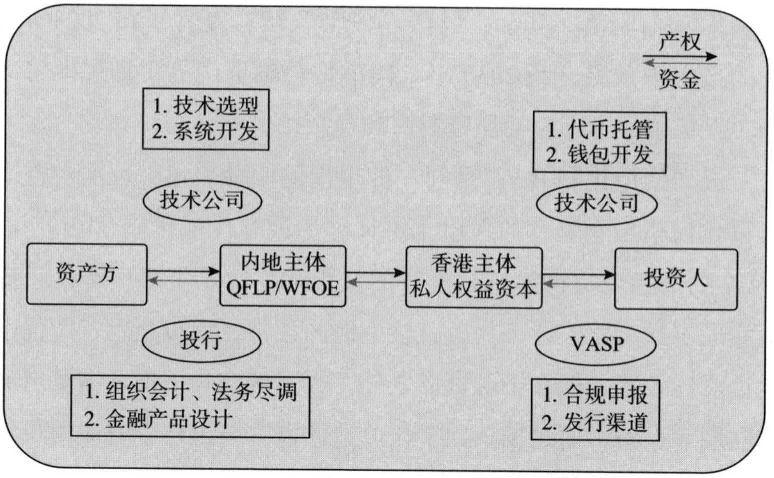

图 9-1 RWA“内地资产 + 香港资金”模式的产业链

第三节 市场：加密市场和传统金融加速融合

稳定币的发展起始于加密资产的投资交易，目前正快速向实体经济拓展。

根据 ARK Invest（方舟投资）的研究报告《大创意（2025）》，2024 年稳定币年化交易额达到 15.6 万亿美元，分别为 Visa 的 119% 和万事达卡的 200%。2024 年 12 月，稳定币交易量创新高，单日交易额达 2 700 亿美元，月交易额达 2.7 万亿美元。[①] 2025 年以来，稳定币的市场规模节节攀升，比特币的价格一度突破

① ARK Invest (2025), Big Ideas 2025, https://www.ark-invest.com/big-ideas-2025.

10 万美元，去中心化金融业态不断丰富，全球加密资产市场步入规范创新和快速发展期。更为重要的是，稳定币与支付体系的融合创新快速推进，银行机构积极探索加密资产相关服务，资本市场与加密市场的融合正在全方位推进，加密资产与金融体系展现出全面融合发展的趋势。其中，美国通过加快制定稳定币和加密资产相关的监管法规，明确对比特币等加密资产的战略储备投资，加快加密资产的正规化、大众化发展，也为加密资产与金融体系的融合创新提供了政策保障。展望未来，稳定币、加密货币与传统金融体系的融合发展趋势难以逆转，其中稳定币在重塑全球支付体系和升级全球金融基础性设施方面值得重点关注。

一、稳定币与支付体系的融合创新

稳定币在支付时间和成本上具有显著优势。稳定币是基于区块链的点对点支付，“支付即结算”，在支付效率和成本上优势明显。现有的银行跨境汇款通常需要 5 个工作日才能结算，而基于稳定币的跨境支付，100% 的交易都会在 1 小时内完成。根据世界银行 2024 年第三季度的数据，在传统模式下，跨境汇款的平均成本率为 6.62%，但通过 Solana 等高性能区块链发送稳定币的平均成本约为 0.000 25 美元[①]。此外，基于区块链技术的支付基础设施，例如 Ethereum 和 TRON，通过引入类似 Gas 费的机制实现交易优先级的差异化管理。

---

① 财经（2025），角逐稳定币，美元化卷土重来？https://business.sohu.com/a/902842461_122014422。

（一）稳定币被广泛用于现实经济金融交易支付

除了用于加密资产的交易支付，近年来稳定币还被快速应用于跨境贸易结算、企业间支付、消费者支付、员工薪酬支付，以及其他金融投资和实物投资等。根据 Visa 数据，2019 年以来，稳定币用于支付场景的规模迅速增长，从 2019 年 1 月的 16.9 亿美元增长到 2025 年 7 月的 9 514.4 亿美元。2024 年全年，稳定币转账金额合计约 27.16 万亿美元，按照 30 日内至少转账一次即定义为活跃账户数量为 2 001.86 万。其中，头部稳定币发行人不断探索拓展稳定币支付场景，稳定币发行人 Tether 与阿联酋房地产平台 Reelly Tech 合作，允许购房者使用 USDT 等进行房地产交易。一些实体企业也开始接受稳定币支付，2025 年以来，新加坡美罗百货商店开始接受顾客使用稳定币 USDT、USDC、WUSD 进行支付，全球连锁零售巨头 SPAR 在瑞士测试加密货币支付。全球稳定币支付规模的变化趋势见图 9-2。

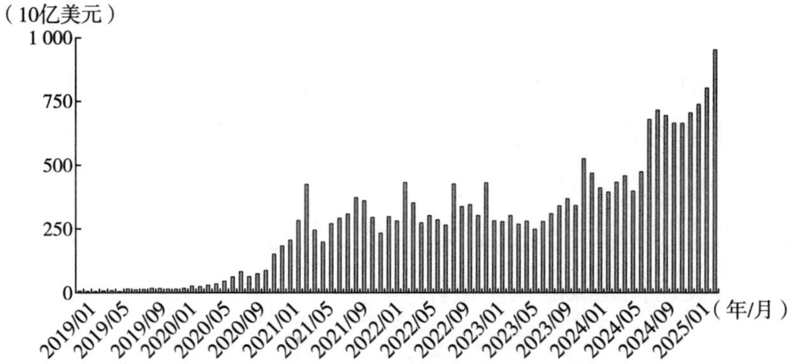

图 9-2 近年来全球稳定币支付规模的变化

资料来源：Visa Onchain Analytics Dashboard。

（二）加密货币机构与传统支付机构合作推进支付服务

稳定币 USDT 发行人 Tether 对专注于数字支付的金融科技公司 Fizen 进行战略投资，以增强 USDT 在全球的实际应用与支付基础设施功能。稳定币 USDC 发行人 Circle 与菲律宾电子支付平台 GCash 合作，允许用户接收、购买、持有或交易 USDC。与此同时，加密货币交易所 Kraken、OKX 与万事达卡合作推出数字借记卡，使加密货币持有者能够在全球使用加密货币和稳定币（如 USDC、USDP）进行消费，实现了加密货币与日常消费的连接。

（三）支付机构主动探索稳定币支付，以提升支付服务效率

在支付机构方面，2020 年美国在线支付公司 PayPal 推出了与美元挂钩的稳定币 PayPal USD，开始支持消费者通过 PayPal 账户等交易加密货币，并与加密货币交易所 Coinbase 合作拓展稳定币支付场景。2024 年美国另一家在线支付公司 Stripe 收购稳定币平台 Bridge，支持美国企业利用稳定币 USDC 进行加密支付。在信用卡机构方面，2021 年 Visa 与加密资产交易所 Crypto.com 开展合作，利用 USDC 和以太坊区块链跨境交易。万事达卡除了跟加密货币交易所合作开展稳定币支付，还宣布开发多代币网络，整合链上与链下资产，为消费者、商户与金融机构提供加密资产交易基础设施。

总的来看，加密资产，特别是稳定币支付，大幅提升了支付效率且降低了跨境交易成本，稳定币发行人、加密资产交易所与传统支付机构、银行机构的融合创新加快推进，稳定币已经从边

缘支付工具发展为全球支付系统的重要组成部分。

二、银行机构与加密机构合作开展发行交易服务

（一）主流银行正在尝试推出自己的稳定币

早在 2019 年，摩根大通就推出了自己的稳定币——摩根币。2024 年 7 月，渣打银行（香港）进入稳定币发行“沙盒测试”。2025 年以来，银行机构探索发行稳定币的步伐明显加快，巴西最大的私人控股银行 Itau Unibanco 计划推出自己的稳定币，日本第二大金融集团三井住友宣布与区块链平台企业等合作开发与法定货币挂钩的稳定币，日本金融集团 SBI 与稳定币发行人 Circle 在日本上线了稳定币 USDC，阿联酋最大资产规模银行第一阿布扎比银行与阿联酋主权基金 ADQ（阿布扎比发展控股公司）等探索推出一款以迪拉姆为支撑的稳定币。

（二）银行机构探索开展多元化的稳定币和加密资产服务

2024 年下半年以来，参与稳定币和加密资产服务的银行机构快速增加，涉及的业务范围也在不断拓宽。香港虚拟银行 ZA Bank 直接向零售用户提供加密资产交易服务，支持用户通过港元及美元买卖比特币和以太币。迪拜最大银行之一 Emirates NBD 通过其数字银行平台 Liv X 推出加密资产交易服务。欧洲第二大数字银行 Bunq 宣布与加密资产交易所 Kraken 合作推出加密资产服务平台 Bunq Crypto，支持用户在平台上购买、出

售和交易加密资产。此外，全球系统重要性银行[①]之一的 BNY Mellon 扩大了对稳定币发行人 Circle 的服务，允许客户通过该银行向 Circle 进行收付款，用于购买或出售 Circle 的稳定币。全球开展加密资产服务的主要金融机构见表 9–3。

表 9–3　全球主要金融机构开展加密资产相关服务

金融机构	加密资产交易和托管	加密资产私募基金	传统交易所交易加密资产产品	加密资产支付	资产代币化
Bank of America	*		*		
BlackRock	*	*	*		*
BNY Mellon	*		*		*
CBOE	*				
Charles Schwab	*		*		
Citi					*
CME	*				
Deutsche Bank	*		*	*	*
Fidelity	*	*	*		*
Franklin Templeton	*	*	*		*
Goldman Sachs	*		*		*
HSBC	*		*		*

① 全球系统重要性银行（简称 G–SIBs）由金融稳定理事会基于规模、跨境业务、关联性等指标评选发布，入选银行需要满足更高资本和监管的要求。2024 年共有 29 家入选，分别是第五组（最高组），空缺；第四组，摩根大通；第三组，花旗银行、汇丰银行；第二组，中国农业银行、美国银行、中国银行、巴克莱银行、法国巴黎银行、中国建设银行、德意志银行、高盛、法国农业信贷银行、中国工商银行、三菱日联金融集团、瑞银集团；第一组：交通银行、BNY Mellon、法国 BPCE 银行集团、荷兰国际集团、瑞穗金融集团、摩根士丹利、加拿大皇家银行、桑坦德银行、法国兴业银行、渣打银行、美国道富银行、三井住友金融集团、多伦多道明银行、美国富国银行。

续表

金融机构	加密资产交易和托管	加密资产私募基金	传统交易所交易加密资产产品	加密资产支付	资产代币化
Interactive Brokers	*		*		
JPMorgan Chase	*	*	*	*	*
London Stock Exchange	*		*		
Mastercard				*	
Mogan Stanley		*	*		
PayPal	*			*	
Society Generale	*				*
UBS	*		*		*
Visa	*			*	*
Wells Fargo	*	*	*		*

（三）银行机构利用区块链改造升级金融基础设施

为提高支付效率和降低支付成本，2023 年摩根大通将摩根币升级为区块链支付平台 Kinexys，日均交易量已超过 20 亿美元。[①] 目前高盛、贝莱德、Axis Bank、巴林银行 ABC、第一阿布扎比银行、伦敦证券交易所等都在使用 Kinexys 平台进行跨境支付、外汇结算服务。2025 年以来，为降低交易对手风险，瑞

① 金科丛林（2025），Chainlink 携手摩根大通旗下区块链平台 Kinexys 以及 Ondo Finance，向通证资产市场推出银行支付通道，https://mp.weixin.qq.com/s?__biz=MzkzMDYxNDU0NA==&mid=2247487435&idx=1&sn=d8288adc8f15ba6db2babd7325d81732&chksm=c360bd3377d7114f49bb122596d4a926ce90d81864d049bc5dedd44d5e151571c7389154af62#rd。

士金融科技公司兼基础设施提供商 Taurus 宣布推出银行间加密资产（包括加密资产与代币化资产）交易平台 Taurus-Network，连接全球金融机构，自动开展加密资产的抵押贷款、实时结算和运营，不用依赖第三方处理交易。在迪拜加密资产监管局的监管框架下，渣打银行与 OKX 联合推出全球质押资产镜像项目，接受机构客户以加密资产和代币化资产作为场外交易质押资产，其中渣打银行负责安全存储质押资产，OKX 负责管理质押资产并执行交易。

总的来看，银行机构正在通过发行稳定币，提供稳定币与加密资产交易中介服务，利用区块链升级支付、交易和资产管理基础设施等方式积极布局加密资产服务。银行机构的参与大大增强了加密资产交易的流动性，为机构投资者提供了安全入口，同时也加速了金融服务的全球化与去中介化。

三、资本市场与加密市场融合全方位推进

（一）越来越多的机构推出代币化金融产品

代币化借助区块链，可以实现即时购买、出售和转让，不用文书工作和中介处理，就可以大大降低交易成本、提高交易效率并降低结算风险。在现实资产代币化方面，金融资产代币化在金融监管部门和头部金融机构的支持下走在了最前列。截至 2025 年 4 月，RWA 代币化的市场规模较过去 12 个月翻了一番（超过

220 亿美元），持有人超过 10 万，发行人接近 190 个。①

2025 年以来，全球知名金融机构明显加快了金融产品的代币化进程。美国的资产管理公司富达集团宣布推出投资美国国债的代币化基金和可以直接投资加密货币的退休金计划，富兰克林·邓普顿推出代币化货币市场基金；新加坡投资管理公司景顺推出代币化私募信贷基金；华夏基金（香港）推出零售代币化基金，中国太保投资管理（香港）推出代币化美元货币市场基金。2025 年 4 月，英国的基金理财服务机构 Calastone 宣布正在整合 Fireblocks 的区块链基础设施，以帮助全球的资产管理公司在其平台上实现任何基金的代币化。

资产管理机构开始规模化投资加密资产。2024 年，美国和中国香港的监管部门相继批准推出加密资产 ETF，为机构投资者投资加密货币提供合规的渠道，带动了资产管理公司、证券经纪公司对加密货币的直接投资。2025 年 4 月，贝莱德向加密货币交易所 Coinbase Prime 存入 3 296 枚比特币（市场价值 2.54 亿美元左右）。② 道富环球资产管理公司与加密货币服务机构 Galaxy Digital Holdings 合作推出可以同时开展加密与传统投资应用的“道富银河”平台，计划将加密资产相关管理规模提升至 50 亿美元。美国嘉信理财首席执行官里克·伍斯特（Rick Wurster）宣布计划推出直接现货加密货币交易。高盛对外表示将扩大加密资产交易活动，探索加密货币借贷以及大力押注代币化业务。

---

① 清华金融评论（2025），加密货币与金融体系加速融合的趋势与前景 | 金融与科技，https://news.qq.com/rain/a/20250524A06F6K00。

② Blockbeats（2025），贝莱德于 2 小时前向 Coinbase 存入 3 296 枚 BTC，http://www.theblockbeats.info/flash/289021。

（二）PIPE 交易：让上市公司变成链上协议

PIPE 投资策略指私募股权投资已上市公司股份，这种投资策略也被称为一级半市场投资。其最大特点是投资标的是已上市公司，具体进入形式包括定向增发、协议转让、可转债、可交换债等，也可通过大宗交易、询价转让等方式进行。PIPE 和加密资产的结合源于微策略（Micro Strategy）投资公司，微策略投资公司通过可转债发行和股权增发不断增持 BTC，将 BTC 变成在公司占绝对主体的资产，将股东变成 BTC 持有人，将公司市值变成链上资产的价值，将上市公司变成一个加密世界的链上协议。

微策略投资公司是一家美股上市公司，主业是商业数据分析软件开发。虽然麦当劳也是其主要客户之一，但专注于软件开发的微策略注定不太引人注目。2020 年 9 月，微策略开始实施一系列操作，将自己从一家软件公司变成了美股"比特币"。

为了达到上述目标，微策略首先发行可转债和股票增发，然后将发行股票和可转债获得的现金以及大部分公司盈余拿来购买比特币，这样持有微策略的股票就相当于间接持有微策略购买的比特币。截至 2024 年 12 月 1 日，该公司及其子公司共持有 402 100 枚比特币，购买总费用约 234 亿美元，平均价格约为 58 263 美元。从 2024 年 10 月 1 日到 2024 年 12 月 1 日，该公司的 BTC 收益率为 38.7%；从 2024 年 1 月 1 日到 2024 年 12 月 1 日，该公司的 BTC 收益率为 63.3%。①

---

① 东方财富网（2025），比特币"大户"微策略继续买币 年初至今收益率达 63.3%，https://finance.eastmoney.com/a/202412023256868577.html。

如果只是出于对比特币投资价值的认可的话，投资者可以直接购买比特币，那么为什么还有这么多投资者选择把钱借给微策略去购买比特币呢？答案就是，对于投资者来说，购买微策略的可转债其实就是购买了一张具有保本性质的债券和一份关于MSTR股票的看涨期权，投资者不仅可以在比特币价格上涨时通过行权，即获得MSTR股票来持有比特币，还可以在比特币价格下跌时获得本金保障。这种交易策略在牛市的时候可以分享比特币涨价带来的收益，在熊市的时候可以全身而退，代价只是承担微策略的信用风险。

对于众多银行、保险及债券基金等金融机构来说，其投资策略受到严格的限制，尽管看好比特币的投资价值，但直接投资比特币仍受到诸多因素的限制。当微策略将自己的股票和比特币绑定之后，实际上就为众多机构客户提供了一种合规、便捷且风险可控的购买比特币的通道。从2020年8月起，微策略花费超400亿美元囤积比特币，截至2025年中期，该公司持有的比特币总量已超过59万枚，占全球比特币流通量近3%。其股票在3年内上涨约1 600%，涨幅远超同期BTC的420%，市值突破1 000亿美元，并纳入纳斯达克100指数。[①]

受微策略影响，总部位于美国的多渠道电子游戏与消费电子零售商GameStop和专注于社交媒体、数字流媒体与技术基础设施的综合性科技公司Trump Media & Technology Group也宣布了比特币储备战略。

---

① 华夏时报（2025），从比特币买到山寨币！“微策略效应”席卷美股，复制财富密码背后风险已现，https://baijiahao.baidu.com/s?id=1836079125737215015&wfr=spider&for=pc。

SharpLink Gaming 是一家在体育博彩和在线赌场游戏领域开展业务的在线技术公司，它宣布了以太坊储备计划，通过私募融资用于建立以太坊储备，投资者包括 ConsenSys、Galaxy、Pantera Capital 等机构，以太坊联合创始人约瑟夫·鲁宾（Joseph Lubin）已出任公司董事会主席。

DeFi Development Corp 原本是一家房地产融资公司，使用 AI 驱动的在线平台连接贷款人和商业地产买家，宣布其公司转型为一家 Solana 财库公司。

Trident Digital Tech Holdings 是一家总部位于新加坡的数字转型服务机构，计划筹集 5 亿美元创建世界上第一个大规模的公司 XRP 储备，并将 XRP 整合到数字化转型服务中，用于实时支付和 DeFi 应用领域。

玩具和纪念品设计及开发公司 SRM 宣布获得 1 亿美元的股权投资，用于启动 TRON 代币（TRX）储备战略，并将与 TRON 通过反向合并的方式在纳斯达克上市。

专注于数字眼科医疗技术开发的美国纳斯达克上市公司 Eyenovia 宣布完成 5 000 万美元 PIPE 融资，用于购买 Hyperliquid 原生代币 HYPE，计划将其作为全球主要验证节点之一。

加密资产项目登陆传统证券交易所具有多方面的意义和影响。一方面，传统证券交易所通常具有严格的监管和较高的市场认可度，加密资产项目在传统证券交易所上市，意味着该项目得到了监管机构的认可，有助于消除市场参与者对加密资产的偏见，提高社会和市场的接受度。上市要求加密资产项目公开财务信息和运营情况，也有助于减少市场中的信息不对称，降低欺诈风险，使投资者能够更准确地评估项目的价值和风险。此外，加密资产市场价格波动较大，加密资产项目登陆传统证券交易市场之后，价格波动风险的传导效应变得更大，需要引起高度重视。

（三）加密交易所与证券交易所加速融合

随着监管政策的明确和监管环境的放松，2025 年以来加密交易所和经纪商、交易商积极推进并购行动，以整合传统股票、衍生品与加密货币的交易服务。在加密货币交易所并购方面，加密货币交易所 Kraken 收购零售期货和外汇交易平台 NinjaTrader，加密资产交易所 Coinbase 积极推进对加密货币衍生品交易所 Deribit 的收购。在加密货币交易所与支付机构融合方面，加密货币交易平台 Swapped.com 收购了 Web3.0 支付基础设施公司 Kado Software，加密支付公司 Ripple 收购证券经纪公司 Hidden Road，以扩大其为机构投资者提供完整的固定收益主经纪服务。在加密货币交易所与证券交易所融合方面，英国加密货币交易所 Archax 收购美国 FINRA（金融业监管局）和 SEC 监管的经纪商 Globacap Private Markets，证券交易平台 Robinhood 正在整合加密货币交易平台 Bitstamp。此外，据《巴伦周刊》报道，加密资产交易所 Coinbase 与美国纽约证券交易所、芝加哥商品交易所存在并购的可能。

总的来看，2024 年加密货币 ETF 打开了加密资产的正规投资渠道，代币化极大地改善了金融资产投资交易的效率，加密货币交易所与证券交易所的并购、加密货币服务商与证券经纪商的合作，则打通了金融资产与加密货币的投资交易，正在全面推动加密市场与资本市场的融合发展。

四、监管政策转为支持加密货币创新发展

美国的稳定币和加密资产政策主线开始转向“支持创新规范发展”。特朗普再次就任美国总统后，签署《加强美国在数字金融技术领域领导地位》的行政令，设立总统加密资产市场工作组，积极推进美国稳定币与加密资产监管法案的制定，政策主线从之前的“严格限制”转向“支持创新规范发展”。与此同时，美国金融监管部门对金融机构参与稳定币和加密资产活动的态度也发生了重大转变。2025 年 3 月以来，美国 FDIC、OCC、Fed 相继撤销之前关于银行机构参与加密资产相关业务的事先监管报备和批准要求，允许银行机构在做好风险管控的同时，自主从事法律允许的加密资产活动。

多个国家和地区加快推进稳定币和加密资产监管立法。尽管 2018 年以来马耳他、阿联酋、新加坡、欧盟、中国香港等已经制定和发布稳定币和加密资产相关的监管法规，但 2025 年以来美国对稳定币和加密资产的政策转变产生了极大的带动效应，激活了其他国家和地区的监管立法意向。受美国加速监管法规制定进程的影响，英国、澳大利亚、日本、韩国、土耳其、阿根廷、尼日利亚、英属开曼群岛、巴拿马等纷纷发布或宣布推进稳定币和加密资产的监管法案。根据 Cointelegraph 披露的 River 统计数据，2020 年以来，全球有 47 个国家和地区放宽或简化了加密资产的监管，只有 4 个国家收紧了监管或完全禁止加密资产的交易和挖矿活动。同时，2019 年以来，日本、中国香港、阿联酋、美国等国家和地区积极探索通过监管沙盒测试稳定币和代币化发行交易，更好地平衡风险防范与创新发展。

澳大利亚也曾计划2025年推出加密货币监管立法，用于监管稳定币发行人、加密资产交易所、托管服务以及经纪平台等，并减少金融机构的去银行化行为（即限制向加密货币公司提供服务）。英国财政部发表声明称，英国计划与美国合作推动加密行业的创新发展，将通过“变革计划”为比特币、以太坊等加密资产服务提供商制定新规，以提升投资者的信心并促进增长。日本金融厅审议批准了《资金结算制度等相关工作组报告书》，在加强交易所破产后的用户保护以及对稳定币交易推行旅行规则时，允许开展加密货币中介业务、拓宽稳定币发行人资产投资范围，以更好地平衡安全合规与创新发展。

美国引领多国政府推进加密货币战略储备投资。2025年3月，美国总统特朗普签署行政命令，宣布建立“战略比特币储备”和“加密资产库存”，将政府通过司法程序和行政罚款没收的约20万枚比特币（价值约200亿美元）纳入储备，并探索通过预算中性策略增持比特币，同时美国议会也在推进比特币战略储备法案的制定。在美国的带动下，一些国家开始考虑推进比特币储备投资。2025年4月，币安首席执行官理查德·腾（Richard Teng）接受英国《金融时报》采访时表示，币安一直在为多个政府提供建立战略比特币储备和制定加密资产监管法规方面的建议。此外，法国、挪威、沙特、新加坡、文莱等多个国家的主权财富基金正在加大加密资产投资。近期，英国6家数字经济行业协会联合致函首相基尔·斯塔默，呼吁英国政府任命加密资产特使并制订加密资产专项发展计划，强调英国需要“加强战略聚焦”以推动加密领域的投资、就业和经济增长。

总的来看，在美国特朗普政府“稳定币和加密货币新政”的带动下，各地都在积极推进稳定币与加密货币监管法规，极大地降低了稳定币与加密资产市场发展政策的不确定性。美国引领多国政府和主权财富基金加大对比特币等加密资产的战略储备投资，在推动加密资产的正规化、合法化方面迈出了一大步，缓解了传统金融机构、资本市场与稳定币、加密生态融合发展的后顾之忧，标志着加密资产作为资产类别的成熟。

第十章

美元稳定币是美元的加法还是减法？

稳定币的支付功能及其金融基础设施属性使其影响超出金融市场范畴，已经扩散到国际货币体系。稳定币对国际货币体系的影响，主要体现为锚定法币在国际货币体系中的地位及其变化趋势。

第一节　美元全球主导地位弱化

美元是美国向世界的最大输出，其本质是美国以经济实力为基础、以军事和政治为保障，通过“需求创造—资产绑定—规则控制”，使美元在“贸易结算 + 储备资产 + 金融体系”三个层面实现全球渗透，并在全球范围建立货币主导权。二战之后，美元的主导地位不仅为美国带来巨额经济收益，如贸易定价权和资本输入等，更使美国能以“货币霸权”影响全球政治经济格局。

但美元的全球地位需要其经济基础支撑，如今美国债务激增削弱其信用、贸易结算“去美元化”、金融制裁透支信任这三重冲击正在加速美元弱化。

在贸易结算领域，多地推动本币或非美货币结算，如中俄、中东的能源贸易转向人民币和卢布，金砖国家本币结算占比提升，美元结算份额持续承压。

在储备货币层面，截至2025年4月，美国债务规模突破36万亿美元，财政赤字高企削弱了美元信用。[①] 2024年底，美元占全球外汇储备降至57.8%，为1994年以来最低水平[②]，多国主动减持美债，增配黄金及其他货币资产。

在金融市场方面，美国关税政策、滥用金融制裁等行为动摇国际信任，美债收益率飙升、美元指数跌破关键点位，全球资产配置加速调整，美元“特权”逐渐褪色。

一、贸易结算：美元主导地位受到多重因素冲击

根据东方财富网的数据，2025年1月1日到6月30日，美元指数从108.48连续下跌至96.77，下跌幅度10.79%，是自1973年布雷顿森林体系终结以来最严重的半年跌幅[③]，这反映出

① 新华财经客户端（2025），逾36万亿美元联邦债务承受之重 未来举债维艰亦或存违约可能，https://baijiahao.baidu.com/s?id=1829607325958294489&wfr=spider&for=pc。

② 金融界（2025），美元霸权动摇：黄金与非传统货币的崛起，https://baijiahao.baidu.com/s?id=1828264951427607654&wfr=spider&for=pc。

③ 金融界（2025），美元创50年来最差上半年表现 降息或进一步加剧贬值压力，https://baijiahao.baidu.com/s?id=1837031307695880610&wfr=spider&for=pc。

市场对美元的信心在下降，从而使贸易结算中对美元的依赖度降低。与此同时，海外供应商越来越倾向于使用欧元、加元或其他外币结算，以减少对美元汇率波动的敞口。从东亚到拉美市场，越来越多的出口商选择以欧元、人民币甚至本地货币计价合同，这进一步削弱了美元在贸易结算中的地位。

二、储备资产：美元全球储备货币地位不断弱化

2025 年 4 月 1 日 IMF 发布的数据显示，截至 2024 年底，全球外汇储备规模达 12.36 万亿美元，其中美元占比 57.8%，而在 2000 年前后，美元一度占据全球储备的 70% 以上，跌幅已超 12 个百分点。[①] 全球外汇储备中的美元及其占比见图 10–1。2024 年外资官方部门净卖出 600 亿美元美债，显示出各央行对美元储备的减持趋势。同时，投资者对美元的悲观情绪达到疫情以来最高水平，道富银行数据显示，70% 的央行表示美国政治环境阻碍它们投资美元。2025 年前 5 个月，全球非美国主权国家美元债券发行量较 2024 年同期下降 19%[②]，沙特发行欧元绿色债券，巴西考虑首发人民币主权债券，印度等国因本币利率下降，推动本币债券发行量达到 5 年以来的高点，这些都表明美元在储备货币方面的吸引力正在下降。此外，人民币国际化进程也在不断推进，中国与巴西、沙特等国的本币互换协议正在密集落地。

---

① 界面新闻（2025），稳定币或强化美元地位，但无法帮助美国化债，https://www.jiemian.com/article/12937802.html。

② 金融界（2025），2025 年全球政府美元债务发行量大幅下降，https://baijiahao.baidu.com/s?id=1833443070652461083&wfr=spider&for=pc。

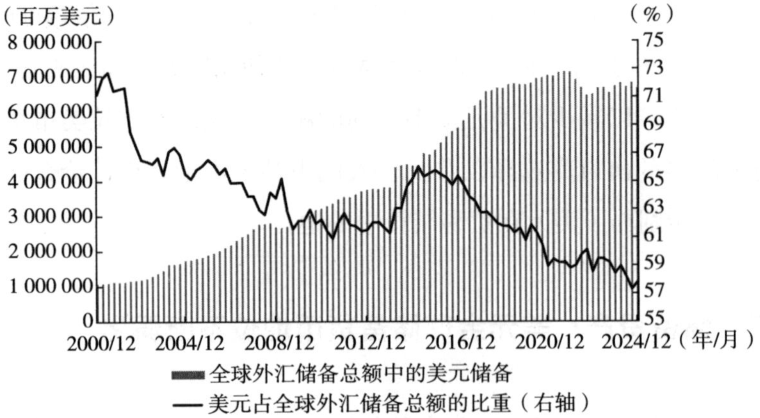

图 10-1　美元在全球外汇储备中的占比持续走低

三、金融市场：美元地位同样面临挑战

美国财政赤字和国家债务规模不断攀升。根据美国国会预算办公室预测，到 2035 年，美国债务总额预计将达到 52.1 万亿美元，为 GDP 的 118.5%，庞大的债务增加了美元贬值的压力，动摇了投资者对美元作为安全资产的信心。[①] 2025 年 5 月 16 日，国际评级机构穆迪将美国主权信用评级从 Aaa 下调至 Aa1，为 108 年来首次。穆迪这一举动也意味着美国失去了最后一个 Aaa 的主权信用评级。另外两大国际评级机构标准普尔和惠誉分别在 2011 年和 2023 年，将美国的主权信用评级从 Aaa 降至 AA+。此外，美国特朗普政府干预美联储人事任命、威胁其政策独立性，以及推行关税政策等单边主义行为，导致传统盟友关系疏

① 上观新闻（2025），美国会预算办公室警告：2029 年美国债务水平将破纪录，https://www.jfdaily.com/staticsg/res/html/web/newsDetail.html?id=847654。

远，国际社会对美元体系的信任逐渐转化为对其系统性风险的警惕，影响了美元在金融市场中的地位。美元体系的维系依赖于美联储发行美元—美国贸易逆差输出美元—贸易盈余国用美元储备投资美债，从而带动美元回流美国，但加征关税举措正在撕裂这一闭环的相关环节，进一步削弱了美元在金融市场中的影响力。

第二节　美元稳定币带动“新美元循环”

基于美元在全球贸易结算、储备资产和金融体系方面发挥的基础性作用，美元实际上成为美国向世界输出的最大的产品，美元霸权代表了美国最核心的利益。虽然来自经济、政治、军事等方面的因素支撑美元霸权的实现，但这些因素之间既相互影响、相互作用，又对美元霸权的持续存在形成一定的制约，比如美债问题、“特里芬两难”等。美元霸权需要因时而变，并不断获得新的“技术性支撑”。目前来看，稳定币就是美国国内比较认可的下一个“技术性支撑”。稳定币作为延续美元霸权的“技术性支撑”，既是对其已有表现的认可，也是美国国内政策主动调整的结果。

一、特朗普加密资产新政持续发挥影响

2025 年，特朗普再次就任美国总统后，设立总统加密资产市场工作组，积极推进美国稳定币与加密资产监管法案的制定，

政策主线从之前的“严格限制”转向“支持创新规范发展”。具体而言，特朗普的加密资产新政是“四箭”齐发：一是支持稳定币与加密资产发展，二是建立战略比特币储备和加密资产储备，三是支持无须许可的区块链和分布式账本技术以实现创新发展，四是禁止发行央行数字货币。

对于这一系列政策目标，特朗普在其签发的《加强美国在数字金融技术领域领导地位》行政令中明确提出，稳定币与加密资产行业对于美国创新和经济发展以及强化其国际领导地位，发挥着至关重要的作用，本届政府支持加密资产、区块链技术和相关技术在所有经济领域负责任地增长和使用。

二、《天才法案》确认“新美元循环”

特朗普加密资产新政中的一个标志性事件就是《天才法案》的出台和推进。

众所周知，当下美国面临着严重的美债危机。美国国债规模过大，已经成为美国财政“不可承受之重”，美国财政部每年都需要“借新债还旧债”，甚至需要借新债偿还旧债的利息。

根据 2025 年 4 月美国财政部的数据，联邦政府债务总额已突破 36.22 万亿美元，加权平均票面利率为 4.8% ~ 5.2%，预计 2025 财年的利息支出将达到 1.5 万亿美元，占联邦财政支出的 15%（在 2024 年的财政支出中，医保占比约 28%，社保占比约 22%，军费占比约 12%）。[①]

---

① 36 氪的朋友们（2025），彻底失去 3A 评级，美国国家信用遭重击，美债美股刚刚被“双杀”，36 万亿美元债务危局如何破？https://36kr.com/p/3300270449346562。

2025 年特朗普政府上台之后，一方面希望通过增加关税为美国财政开源，另一方面反复强调希望美联储降息，通过新发低息国债置换之前持有的高息国债。可以说，“化债”是美国政府当前面临的一项“重中之重”的工作。

基于以上背景，《天才法案》对稳定币发行主体的资质、储备资产与透明度，反洗钱与破产要求，以及消费者保护与监管实施等方面做出具体规定，将美元抵押型稳定币和美债“绑定”。

根据《天才法案》，稳定币发行人要以 100% 的美元现金或短期美债（93 天内到期）作为储备资产。这意味着每发行 1 美元稳定币，就有 1 美元美债被锁定为储备。这样，用户购买稳定币的资金就可以转化为美债需求，从而形成“用户—稳定币—美债”的资金闭环。理论上，美元抵押型稳定币规模越大，对美债的需求就越大。

事实上，稳定币规模增长并增持美债的效果，在 Tether 的财务报表里已经反映得非常清楚。2025 年 3 月，Tether 的美债持仓超 1 130 亿美元，按照全球主权国家美债持有量排名，它能排到第 7 位。[①] 此外，Circle 发行的 USDC 等稳定币规模超过 600 亿美元，其储备资产中持有的美国国债超过 555 亿美元（包括美国国债回购协议），占比超过 92%。[②] 2025 年 4 月，花旗银行发布的报告预测，按照当前的发展趋势和投资结构，2030 年稳定币发行人持有的美国国债将超过 1.2 万亿美元，这个数额将超过任何

---

① mitrade.com（2025）, Tether Acquired $65 Billion in US Treasury Bonds in Q1 2025, https://www.mitrade.com/insights/news/live-news/article-3-795502-20250502.

② 金融界（2025），Circle 上市首日暴涨 168% 稳定币巨头募资 10.54 亿美元创历史，https://baijiahao.baidu.com/s?id=1834152969370878734&wfr=spider&for=pc。

单一国家持有的美国国债规模。

美元稳定币创造了一种“新美元循环”，即“利用美元购买美元稳定币，美元稳定币广泛用于加密资产、跨境贸易结算、金融交易结算，美元稳定币储备投资美国国债和金融资产回流美国”。“新美元循环”有望扭转美元在“传统美元循环”下的走弱趋势，进而提升和强化美元的国际地位。

第三节 “代码开源”是否成为弱化美元的武器？

当前，美元在全球货币市场占据绝对优势地位，甚至被认为是超主权货币，稳定币对于美元在全球货币市场的地位发挥着双重影响。

一方面，美元稳定币已经在法币抵押型稳定币市值中占比90%以上，随着美国《天才法案》的推出，美元稳定币成为美债的“输血工具”，美元稳定币的扩展就是美元的扩展，区块链作为稳定币的底层技术成为美元扩容的“助推器”。

另一方面，稳定币和加密资产的发展正面临逆全球化背景下全球产业链和金融市场的分化和重构，美元稳定币流行的同时，也为其他主权货币的国际化提供了新的“样板”。

事实上，美元在全球货币市场占据主导地位也有两面性，美元向全球征收铸币税的同时，确实也对全球贸易结算发挥了积极的促进作用。但这个积极作用的前提是美国可以向世界大量输出产品，在美国产品占贸易总额绝对份额的基础上，其他国家使用美元进行结算，这样对于全球贸易发挥的作用才能是积极的，也是符合贸易各方利益的。但当美国出口商品和服务金额在全球贸易总额中的占比下降一半时[①]，美国推翻自己多年倡导的全球化，开始提出“小院高墙”和“美国优先”，甚至把禁售和禁运作为制裁他国的武器，在此背景下，世界各地仍完全依赖美元开展贸易的必要性就大大降低了。

所以，当稳定币的技术性能已经经过检验，可以胜任全球贸易结算基础设施时，欧盟、阿联酋以及中国香港通过立法为多币种稳定币的发行打开空间，这既是对美元稳定币技术优势的效仿，也是对国际贸易结算货币多元化的一种尝试。毕竟对于它们来说，“服务贸易增长”优先于“服务美元计价贸易”，而且基于“技术中性”的原则，升级跨国贸易结算基础设施的机会也是可遇不可求的。

事实上，美元霸权的确立依靠的是“硬件加软件”的一整套系统工具，“硬件”如 IMF、世界银行、信用评级机构等，“软件”包括各项制裁法案、SWIFT、CHIPS 系统等。当稳定币成为全球货币竞争的新舞台时，上述大部分“硬件”的作用将失效，上述“软件”的功能也将重新被定义。

比如，SWIFT 作为全球贸易结算体系的核心信息传输枢纽，通过标准化报文网络连接全球 200 多个国家和地区的 11 000 多家金融机构，为跨境支付、外汇交易、证券清算等业务提供安

---

① 1990 年，美国商品及服务出口金额在全球贸易总额中占比约为 22%，2024 年该数据已下降为 11.5%。商品出口数据来自 WTO、世界银行，服务出口数据来自美国经济分析局、WTO。

全、高效的信息传递服务。如果有一家金融机构被 SWIFT“除名”，那么这家金融机构就像在互联网中失去域名一样，它和其他用户将无法再通过 TCP/IP 协议互相传送任何信息了。

如果说 SWIFT 是仅仅用于处理信息的“软件”的话，那么 CHIPS 就是真实用于美元清结算的“硬件”。CHIPS（Clearing House Interbank Payment System，纽约清算所银行同业支付系统）是全球金融结算体系中美元大额跨境支付清算的核心枢纽，依托高效轧差机制和实时全额结算技术，处理全球约 95% 的跨国美元交易，支撑国际金融市场美元资金的高效流转与清算。通俗地讲，如果你通过银行跨境汇款 100 美元，那么你关注到的是跨境汇款手续费 25 ~ 50 美元，但实际上这笔汇款有 95% 的概率是经过 CHIPS 通道发挥作用，才汇到你想汇到的账户中的。

我们可能在媒体上看过这样的报道，“美国禁止某银行使用 SWIFT 系统，该银行无法开展任何国际汇兑业务”，那么 CHIPS 呢？从 CHIPS 的功能定位来看，即使还在正常使用 SWIFT 系统的银行，其开展国际业务几乎也无法绕开 CHIPS。

稳定币生态中没有 SWIFT 和 CHIPS，稳定币的技术优势可以作为美元扩张的助推器，也可以成为其他货币扩大国际贸易使用场景的催化剂。事实上，对于美国以外的其他地区而言，美元稳定币和当地法币之间必然存在一种竞争性的替代关系，如美元稳定币的大量使用势必会造成当地货币的贬值和通货膨胀。因此部分经济体，如欧盟，已经出台相关政策对美元稳定币的使用范围进行限制，从而对美元稳定币的规模增长形成一种抑制效应。长期来看，美元在国际货币市场的地位，究竟是在稳定币的助推下继续强化，还是受到其他货币和加密资产的挑战，仍有待持续观察。

第十一章

人民币稳定币将是人民币国际化的新抓手

人民币汇率的长期稳定预期，是人民币稳定币获得市场认可的基础。历史经验告诉我们，大国崛起必然伴随本币升值。在历史上的不同阶段，不论是英国的崛起，还是美国的崛起，都伴随本国制造业和服务业在全球产业链中逐步占据核心地位的过程。一国的需求和供给深度参与全球产业分工，本币长期升值是必然结果。这是一种长期趋势，和短期货币供需导致的汇率波动无关，这种趋势是人民币国际化的前提和基础，人民币稳定币获得市场认可具备长期的发展势能。

稳定币兼具法定货币的稳定优势和加密资产的技术优势，2023 年以来步入快速增长轨道。特别是特朗普上台后积极推进美元稳定币的发展应用，以此巩固并提升美元在全球货币体系中的主导地位。对我国而言，发展离岸人民币稳定币，是加快人民币国际化的重要抓手，可以减少 mBridge 发展的不确定性，且不会影响货币政策调控和跨境资本管理。

香港地区作为离岸人民币交易中心，已经在稳定币与加密资产发行交易上形成了完善的机制。我们建议尽快在香港地区开展离岸人民币稳定币的发行交易；在积累经验和完善机制后，按照“先境外离岸，再境内离岸”的模式，从香港逐步向内地自贸区和自贸港推广，不断强化其对人民币国际化的支撑作用。

第一节　人民币国际化需要新的抓手

一、持续提升人民币国际化水平面临较大压力

近年来，人民币在全球支付中的占比持续上升。但在规模上，2024 年 12 月，人民币在国际支付市场的份额为 3.75%，相较于美元占比 49.12% 仍存在巨大差距；相较于 2024 年中国进出口贸易在全球占比（进口贸易占比 10.4%，出口贸易占比 14.6%）也存在较大差距。

更为重要的是，自 2024 年以来，人民币在国际支付市场占比的上升态势放缓，而美元占比持续提高，二者的差距从 2024 年 1 月的 42.13 个百分点①，增加到 2024 年 12 月的 45.37 个百分点②。未来，随着中美博弈不断加深，两国货币地位的变化仍存在较大不确定性。

---

① 参考消息（2024），报告显示：人民币国际支付连续 3 个月位列全球第四，https://baijiahao.baidu.com/s?id=1791586579234911674&wfr=spider&for=pc。

② 移动支付网（2025），Swift：2024 年 12 月人民币占全球支付总额的 3.75%，https://www.mpaypass.com.cn/news/202501/23142804.html。

二、mBridge 的发展因美欧阻挠面临不确定性

我国在国内试点推行数字人民币，同时与 BIS 推行用于跨境支付的 mBridge 项目[①]，以此提升人民币的国际化地位。试点结果表明，mBridge 的确可以在成本、速度、可及性和透明度等方面显著改进跨境支付。2024 年 6 月，mBridge 进入 MVP 阶段。

但在 2024 年 4 月时，BIS 支持启动了另一个利用区块链技术改进跨境支付的 Agora 项目，美国、英国、法国、瑞士、日本、韩国和墨西哥等国家的批发型央行数字货币、代币化存款都在同一个区块链系统上运行，在全球的互联互通程度高于 mBridge 项目，且更好地体现了 BIS 的“统一账本”和 Finternet（金融互联网）设想。Agora 项目的实施推进，对 mBridge 的发展造成明显冲击。此后，在美欧施压下，2024 年 11 月，BIS 退出了 mBridge 项目。

第二节　人民币稳定币打开人民币国际化新思路

当前国内外金融数字化、贸易数字化快速发展，而稳定币是

① mBridge 和 CIPS 均聚焦人民币跨境支付和结算功能，但 CIPS 是基于传统银行账户的清算系统，依赖代理行和 SWIFT 报文，mBridge 采用分布式账本技术，通过非中心化点对点实现数字货币清算，无须代理行账户；CIPS 处理传统人民币跨境支付，mBridge 支持央行数字货币跨境交易，可实现不同国家数字货币的直接兑换；CIPS 由中国人民银行主导，具有主权特征，mBridge 强调参与国权利平等，采用多国央行合作的治理结构。

法币在区块链上的代币化，在跨境支付中的应用快速提升。发行离岸人民币稳定币，无疑是在数字化背景下推行人民币国际化的新抓手。

同时，当前人民币在国际支付中的使用场景主要是中国企业参与的跨境贸易，人民币在非中国企业参与的国际支付中使用较少。稳定币具有天然的全球化属性，使用场景可快速推广，发展离岸人民币有助于拓宽人民币跨境支付使用场景。

从现状看，尽管目前政策层面没有表态支持发展人民币稳定币，但市场根据需要已经在推行离岸人民币稳定币。2019 年，全球最大的稳定币发行人 Tether 已经发行离岸人民币稳定币，截至目前，流通量超过 2 000 万元；2022 年，TRON 也推出了离岸人民币稳定币 TCNH；2023 年，CNHC Group（现更名为 Trust Reserve）发行了离岸人民币稳定币 CNHC。

第三节　以中国香港为起点，渐进发展离岸人民币稳定币

一、在香港大力发展离岸人民币稳定币的条件已经成熟

在香港地区发展稳定币，优先考虑港币和人民币两个方向。我们通过了解香港货币制度的历史可以知道，1983 年以来，港币实行货币局制度，即香港特区政府承诺将港币兑美元汇率维持在 7.75 ~ 7.85 这个区间。从金融属性的视角来看，港币本质上就

是一种链下的美元稳定币，港币稳定币对于美元和美债发挥着类似美元稳定币的作用。

尽管港币稳定币具有类似美元稳定币的属性，但通过规范稳定币发行，特别是发展港币稳定币，有助于提升港币在跨境支付、加密资产等领域的影响力，增强香港金融业和港币的国际竞争力，巩固香港国际金融中心的地位。同时，香港可以利用自身金融市场优势和稳定币法案带来的制度创新，为人民币稳定币发挥“防火墙”和“试验田”的作用。基于香港地区发行人民币稳定币，具有以下条件和基础。

一是制度基础基本确立。近年来，香港积极完善稳定币和加密资产监管机制，前期已经制定了完善的加密资产交易监管法规。2024 年 7 月，渣打银行（香港）推出稳定币发行沙盒测试机制。目前，《稳定币条例》已经发布实施，为离岸人民币稳定币的发行交易提供了重要保障。

二是具有较好的市场基础。香港是离岸人民币交易中心，近年来离岸人民币数量大幅增长，人民币存款已超过 1 万亿元，人民币债券发行规模近 8 000 亿元。香港也是全球与我国内地金融联系的“桥梁”，发行、交易离岸人民币稳定币有着现实的市场需求。

三是香港地区打造国际加密资产交易中心，需要人民币稳定币作为支撑。当前，香港已将发展稳定币与加密资产服务作为提振香港国际金融中心地位的重要手段，但香港实行锚定美元的联系汇率制度，港币已经是传统意义上的美元稳定币。如果香港只是发展港元稳定币，不能推出具有优势的离岸人民币稳定币，无疑是丢掉了一块最大也最具优势的稳定币市场，无论对提升和巩固其国际金融中心地位来说，还是对推动人民币国际化来说，都将是损失。

二、发展离岸人民币稳定币不影响货币政策和资金管控

一是同步放开美元稳定币与人民币稳定币发行交易，不会导致美元对人民币的替代。这个在稳定币发行人和加密资产交易服务中已有比较成熟的解决方案，可以通过 IP（互联网协议）地址管控和限制外币稳定币在境内的使用来化解。此外，发展离岸人民币与发展 mBridge 是互补关系。从 2022 年香港地区测试的 Aurum 项目和 2024 年欧美测试的 Agora 项目来看，央行数字货币和法币支持的稳定币、代币化存款等，都可以在一个系统上发展。

二是离岸人民币稳定币可以做到反洗钱监管和用户权益保护。最新的稳定币和加密资产风险防控技术要求稳定币发行人和交易所实施“大额转账监控系统”、严格执行反洗钱旅行规则等，可以很好地监测稳定币交易的明细。此外，相关国家和地区也已制定比较完善的稳定币发行人牌照准入、经营监管、储备资产管理、客户资金赎回等监管机制，可以比较好地保障稳定币的币值稳定和客户的资金赎回。

三是离岸人民币稳定币不会弱化央行货币政策调控。理论上，无论一国法定货币的流通范围多广，其唯一和最终的来源只能是该法定货币发行国的中央银行，同样会受到央行调控的影响。从欧洲美元市场的发展历程来看，美元全球化以后仍然受美联储货币政策调控的影响。目前，离岸人民币规模仅占中国人民

银行货币发行总额的 3% 左右，未来即使规模大幅增加，也可以通过发行离岸人民币央票、国债、政策性金融债等高等级债券以及 CNH HIBOR 隔夜利率调控等方式，对离岸人民币规模进行调节。

三、“尽快试点、循序渐进”地发展离岸人民币稳定币

在推出时间上，应支持尽快在香港开展离岸人民币稳定币的发行交易。稳定币发展具有极强的规模效应和网络效应，一步慢、步步慢，后发稳定币赶上先发稳定币非常困难。当前，美元稳定币占据稳定币市场 95% 以上的份额，在香港开展离岸人民币稳定币的发行交易已经非常紧迫。

在发展路径上，“先境外离岸，再境内离岸”，从香港逐步向内地自贸区和自贸港推广。先支持香港发行交易离岸人民币稳定币，在汇率管理、资本流动、风险防控、用户权益保护等方面积累经验，之后在广东自贸试验区、上海自贸试验区、海南自贸区（港）等试点发行在岸人民币稳定币。

在使用场景上，“先跨境支付，后金融投资”，逐步扩大使用范围。中国金融创新发展的核心目标是提升金融服务实体经济的质效，为此人民币稳定币的使用场景可遵循以下路径：先限定于跨境贸易支付，发挥稳定币在跨境支付上的效率优势和成本优势；同时为了实现风险可控，使用人群可以限定机构客户和适格投资者，之后再逐步向零售用户、普通大众开放。

附录

字母词对照表

Aave	一种链上抵押借贷协议，其代币是 AAVE
ADGM	阿布扎比全球市场
ADQ	阿布扎比发展控股公司
Agent	智能体
AIGC	人工智能生成内容
Alipay	支付宝海外版
AML	反洗钱
AMLA	欧盟反洗钱局
AMM	自动做市商
AMPL	一种算法型稳定币，基于 Ampleforth 协议发行
Aptos	一个区块链公链

Arbitrum	一个以太坊二层协议
ART	单个资产参考代币
Avalanche	雪崩链，一个区块链公链
Axie Infinity	一款基于元宇宙概念的 NFT 游戏
BAC	一种算法型稳定币
Base	一个区块链网络
Basecoin	一种算法型稳定币
BAT	协议代币
BFT	拜占庭容错算法
BFX	Bitfinix 交易所为了偿还资产被盗损失发行的一种代币
Binance	币安，一个加密资产交易平台
Binance Pay	币安推出的稳定币支付协议
BIS	国际清算银行
Bitfinex	一家数字资产交易平台
BlackRock	全球知名资管机构贝莱德
BNB	币安币
BNY Mellon	纽约银行梅隆公司
BTC	比特币
BUIDL	贝莱德推出的代币化基金项目
CAAR	《虚拟资产活动条例》
CASP	加密资产服务提供商（仅适用于欧盟）
CBDC	央行数字货币
CBUAE	阿联酋中央银行
CCP	中央对手方

CDD	客户尽职调查
CDP	抵押债仓
CeFi	中心化金融
Celo	一个区块链公链
Chainalysis	一家链上数据分析公司
CHIPS	纽约清算所银行同业支付系统
CIPS	人民币跨境支付清算业务的批发类支付系统
Circle	美国金融科技公司，USDC 的发行人
Coinbase	一个在美国上市的加密资产交易所
Compound	一种链上抵押借贷协议
Cosmos	一个区块链公链
Crypto Token Regime	加密代币制度
CSD	中央证券存管
CTF	反恐怖融资
Curve	一个去中心化交易协议
CVX	Convex 协议代币
DAI	一种基于抵押 ETH 生成的稳定币
Dapp	去中心化应用
DDoS	分布式拒绝服务攻击
DeAI	去中心化人工智能
DeFAI	去中心化金融与人工智能的融合
DeFi	去中心化金融
DePIN	去中心化物理基础设施网络
Deribit	一家加密货币衍生品交易所

DEX	去中心化交易所
DFF	迪拜未来基金会
DFSA	迪拜金融服务管理局
DIFC	迪拜国际金融中心
DLD	迪拜土地局
DLT	分布式账本技术
DPoS	权益授权证明共识机制
DSR	DAI 存款利率
DWTCA	迪拜世界中心管理局
EBA	欧洲银行管理局
Emirates NBD	阿联酋国民银行
EMD2	《电子货币指令（第二版）》
EMT	电子货币代币
ERC-20	以太坊区块链上的一种资产技术标准
ESD	一种算法型稳定币
ESMA	欧洲证券与市场管理局
ETF	交易所交易基金
ETH	以太坊代币
Ethena	一个收益型稳定币项目
Ethereum	以太坊，一个区块链公链
FATF	金融行动特别工作组
FDIC	美国联邦存款保险公司
Fed	美联储
FinCEN	金融犯罪执法局，美国财政部下属机构

FRAX	一种综合算法和抵押加密资产生成的混合型稳定币
FSB	金融稳定理事会
FSOC	金融稳定监督委员会
Gas	“燃料”，区块链中交易费用的计量单位
IBC	跨链通信协议
ICA	IBC 功能的升级
IMF	国际货币基金组织
IRS	美国国税局
JD–HKD	京东稳定币
Kinexys	摩根大通推出的区块链支付平台
Kraken	一家加密资产交易平台
KYC	了解你的客户
LAAS	流动性即服务
Layer–2	二层协议，一种基于区块链网络部署的交易处理及记账协议
LUNA	Terra 公链代币
M–Pesa	肯尼亚加密资产支付平台
MakerDAO	一个基于加密资产抵押的稳定币协议
mBridge	多边央行数字货币桥
MCD	多抵押 DAI
MiCA	《加密资产市场监管法案》
Micro Strategy	微策略，美股上市公司，已更名为 Strategy
MKR	MakerDAO 协议代币

MoonPay	一家加密资产支付平台
Move	Libra 区块链推出的编程语言
MPC	多方安全计算
MSB	货币服务业务牌照
Mt. Gox	一家早期的加密资产交易平台
MTL	货币转移服务商
MVP	最小化可行产品
NAV	净资产价值
NEAR	一个区块链公链
NFT	非同质化代币
Nobitex	伊朗最大的加密资产交易所
OCC	美国货币监理署
OKX	一家加密资产交易平台
Optimism	一个以太坊二层协议
Oracles	预言机
Orbit Chain	跨链桥协议
P2P	对等网络
PAXG	一种基于抵押黄金生成的稳定币
PayPal	贝宝，美国互联网支付公司
PCV	协议控制价值类
PIPE	上市公司私募股权融资
Plume	一个区块链公链
POL	协议拥有流动性类
Polygon	一个区块链公链
PoS	权益证明共识机制

PoW	工作量证明共识机制
PS	支付系统
PSD2	《支付服务指令（第二版）》
Rebase	余额再平衡
RON	Ronin Network 的平台原生代币
Ronin Network	Axie Infinity 打造的以太坊侧链
RWA	现实世界资产
SCA	阿联酋证券及商品监管局
SCD	单抵押 DAI
SCRC	稳定币认证审查委员会
SCS	单一货币锚定的稳定币
SDK	软件开发工具包
SEC	美国证券交易委员会
SGD	新加坡元
Shopify	一个跨境电商平台
Solana	索拉纳，一个高性能的区块链
SSS	证券结算系统
Staking	质押挖矿
Stellar	一个区块链公链
STO	证券代币化，在阿联酋又称为投资型代币
Stripe	一家美国互联网支付公司
sUSDe	USDe 的质押凭证
Synthetic	一个链上合成资产协议，抵押其 SNX 代币生成其他代币，如 ETH 等虚拟资产

T3 FCU	T3 金融犯罪防范联盟
TCAF	代币资本充足框架
Terra	一个区块链公链
Tether	泰达
Tornado Cash	一个利用隐私计算技术防止链上交易溯源的协议，俗称“混币器”
TPS	每秒处理交易数量
TradeFi	基于稳定币的贸易支付和传统金融市场投资的活动
Transaction Hash	交易哈希，区块链技术中用于唯一标识交易的重要概念
Travel Rule	旅行规则
TRM Labs	一家区块链交易监测平台
TRON	波场区块链
TVL	总锁定价值
TWAP	时间加权平均价格
UASC	Circle 公司发行的一种挂钩美元的稳定币
UBO	最终受益所有人
Uniswap	一个去中心化交易协议
USD1	WLFI 推出的一种美元稳定币
USDe	一种锚定美元的稳定币
USDT	Tether 公司发行的一种挂钩美元的稳定币
USDC	Circle 公司发行的一种挂钩美元的稳定币

UST	一种基于抵押 LUNA 生成的稳定币
UTs	实用型代币
VARA	迪拜加密资产监管局
VASP	加密资产服务提供商
WBTC	抵押比特币在以太坊区块链上发行的映射资产
Web3.0	第三代互联网
WLFI	特朗普家族支持的加密机构
WYST	美国怀俄明州政府发行的稳定币
XRP	瑞波币
YBS	收益型稳定币
Yearn	一个链上收益归集协议
Yellow Card	一家专注于非洲市场的加密资产支付平台

参考文献

[1] Binance Research. Half–year report 2024 [R]. 2024–07.

[2] Castle Island Ventures, Brevan Howard Digital. Stablecoins: the emerging market story [R]. 2024–09.

[3] Chainalysis. The 2025 crypto crime report [R]. 2025–02.

[4] Chainalysis. The 2024 geography of crypto report [R]. 2024–10.

[5] FSB. Regulation, supervision and oversight of "global stablecoin" arrangements: final report and high–level recommendations [R]. 2020–10.

[6] Iorio A D, Kosse A, Mattei I. Embracing diversity, advancing together–results of the 2023 BIS survey on central bank digital currencies and crypto [R]. BIS Papers No. 147, 2024–06.

[7] Triple A. The state of global cryptocurrency ownership in 2024 [R]. 2024–05.

[8] Aiying. 俄罗斯制裁重压下的改革：从加密货币交易所

到人民币挂钩的 BRICS 稳定币［R］. Aiying Payment Compliance, 2024-09.

［9］郭大治 . 参议院通过稳定币法案难解美债危机［N］. 21 世纪经济报道，2025-06-19.

［10］沈建光 . 稳定币对美元国际地位的机遇和挑战［N］. FT 中文网，2025-06-25.

［11］沈建光，博嘉乐 . 为什么稳定币第一股股价能成倍上涨［N］. 第一财经，2025-06-30.

［12］沈建光，博嘉乐 . 世界第一大稳定币公司是如何炼成的［N］. 第一财经，2025-07-06.

［13］沈建光，朱太辉 . 稳定币发展十年：趋势、应用与前景［J］. 国际金融，2024（12）：68-73.

［14］沈建光，朱太辉 . 美国最新加密货币监管框架和影响［N］. 第一财经日报，2025-03-10.

［15］沈建光，朱太辉，王若菡 . 厘清稳定币的四重属性［N］. 第一财经日报，2025-07-14.

［16］沈建光，朱太辉，王若菡 . 美国稳定币法案的意图与启示［J］. 财经，2025（6）.

［17］沈建光，朱太辉 . 厘清稳定币认识的六大误区［N］. 第一财经，2025-06-03.

［18］沈建光，朱太辉 . 以离岸人民币稳定币助推人民币国际化［N］. 中国经济时报，2025-06-11.

［19］沈建光，朱太辉 . 欧盟加密资产监管的重点与影响［N］. 第一财经日报，2025-03-31.

［20］沈建光，朱太辉，王若菡 . 阿联酋加密资产的监管政

策和发展趋势［N］. 第一财经，2025-03-21.

［21］王岳华，郭大治，达鸿飞 . 读懂 Web3.0［M］. 北京：中信出版社，2022.

［22］朱太辉 . 美国“战略比特币储备”的实质与影响［J］. 中国外汇，2025（7）：4-7.

［23］朱太辉 . 全球稳定币监管的框架、理论与趋势研究［J］. 金融监管研究，2025（3）：16-36.

［24］朱太辉 . 稳定币的经营模式、发展趋势与监管框架［J］. 金融纵横，2025（6）：10-15.

［25］朱太辉 . 稳定币对国际货币体系的影响与启示［R］. 中国财富管理 50 人论坛，2025-06-09.

［26］邹传伟，崔晨，曹一新，等 . 数字资产：创新、风险与监管［M］. 北京：经济管理出版社，2023.